运营智能化与数字化转型

［加］李威平（Vipin Kumar Suri）◎著

张月强◎译

人民邮电出版社

北 京

图书在版编目（CIP）数据

运营智能化与数字化转型 ／（加）李威平
(Vipin Kumar Suri) 著；张月强译. -- 北京：人民邮
电出版社，2022.5
ISBN 978-7-115-58732-9

Ⅰ．①运… Ⅱ．①李… ②张… Ⅲ．①数字技术－应
用－企业管理－研究 Ⅳ．①F272.7

中国版本图书馆CIP数据核字(2022)第036527号

版权声明

内 容 提 要

工业互联网平台、智能工厂、智能设备，包括机器人流程自动化（RPA）等作为数字化的基础，在企业内部得到前所未有的重视。基于新的数字化运营环境，ERP 升级换代正在加速，企业正在重新构建基于云计算、大数据、人工智能的全新运营模式。本书围绕运营自动化、业务流程管理、智能业务流程管理、流程自动化、人工智能、机器学习、智能自动化、认知自动化、区块链等应用和技术在企业数字化中的应用，提出数字化转型的框架、核心要素、实现路径等，同时从数字化变革管理、数字化劳动力管理等方面详细展开数字化转型的模型框架和实践探索，最后展望了数字化转型的趋势和未来。

本书适合企业高层管理者、关注企业数字化的从业者及对运营智能化和数字化转型感兴趣的读者阅读。

◆ 著　　　[加] 李威平（Vipin Kumar Suri）

　　译　　　张月强

　　责任编辑　刘亚珍

　　责任印制　马振武

◆ 人民邮电出版社出版发行　　北京市丰台区成寿寺路 11 号

　　邮编　100164　　电子邮件　315@ptpress.com.cn

　　网址　https://www.ptpress.com.cn

　　北京市艺辉印刷有限公司印刷

◆ 开本：700×1000　1/16

　　印张：15.5　　　　　　　　　2022 年 5 月第 1 版

　　字数：207 千字　　　　　　　2022 年 5 月北京第 1 次印刷

　　著作权合同登记号　图字：01-2021-6487 号

定价：88.00 元

读者服务热线：**(010) 81055493**　印装质量热线：**(010) 81055316**
反盗版热线：**(010) 81055315**
广告经营许可证：京东市监广登字 **20170147 号**

致 谢

突然暴发的新冠肺炎疫情给我们的工作和生活造成巨大困扰，全球各地的企业选择远程办公，这也给了我充足的时间写作此书。当然，本书的顺利出版离不开许多人的鼓励和支持。

我尤其要向共享服务国际咨询有限公司的总裁兼 CEO 玛丽安·D.艾莉亚博士表示感谢，感谢她撰写了业务流程管理和智能业务流程管理两个章节；同时也要感谢荷兰特温特大学的乔斯·范·希勒格斯伯格教授的大力支持和悉心指导。

推荐序 1

数字化转型和组织重构是目前我国企业组织的战略性课题。组织的本质在于决策者是否能够确立目标和预测目标，即把握好组织大致正确的发展方向。在此基础上，再进行组织设计和人力资源管理，以提升运行效率。

在企业组织发展过程中，组织目标的确定和战略定位是同义语。科学技术，尤其是数据和数据资源已经成为企业战略定位过程中不可或缺的重要因素，甚至是企业战略定位的重要内容之一。在产业互联网和经营管理数字化不断发展的情况下，本书的出版正当其时。

本书为企业决策者和管理者提供了丰富的内容，其中，经营方向的洞察、组织意识和能力的重构、业务流程的端到端闭环，以及企业商业模式、业务流程和企业文化的重建，都为新形势下的新组织能力建设提供了丰富的素材。本书丰富的案例能给基于不同场景的读者带来启迪。

译者张月强先生是典型的跨界人才，他既有渊博的产业知识，又有丰富的企业经营管理经验，还具备善于抽象归纳的学者素养，他的译文能够帮助读者更好地理解原理、掌握方法，更好地将原理和实践加以结合。本书对广大的经营者和管理者，尤其是学习管理的 EMBA、MBA、EE（高管教育）等终身学习者大有裨益。

冯云霞

中国人民大学商学院教授

推荐序 2

经济社会发展的特征是全面数字化，数字技术成为企业发展和社会发展的重要驱动引擎，数据资源成为重要生产要素，数字基础设施成为重要运行载体。全要素数字化转型在提升经济系统的运行效能方面成果显著，数字经济成为新的经济形态和未来发展方向。

《中共中央关于制定国民经济和社会发展第十四个五年规划和二〇三五年远景目标的建议》提出："加快数字化发展，发展数字经济，推进数字产业化和产业数字化，推动数字经济和实体经济深度融合，打造具有国际竞争力的数字产业集群。"

"数字化发展"首次出现在中央文件中，表明"数字化"已被视作一种底层的生产力和社会运行的基本方式。产业数字化和数字产业化是蓬勃发展的数字经济的最重要组成部分，而产业数字化又被寄予更多的期待，被认为是产业和企业创新升级发展的关键。各行业的数字化发展水平参差不一，包括中国在内的全球主要国家和地区对数字化转型高度重视，不断加快布局，深入推进。例如，欧盟《2030 数字罗盘》提出，到 2030 年，75% 以上的企业要使用云计算、大数据、人工智能等数字技术，90% 以上的中小企业要达到基本的数字化水平。简而言之，在数字化时代特别是数字经济背景下，谁能抢先经过数字化转型提升自身能力，增强自身本领，谁就有可能掌握发展先机。因此，数字化转型不再是"做"或"不做"的选择题，而是势在必行。

在实践和推进的过程中，各界对数字化转型的认识也愈发清晰。越来越多的人和企业认识到，数字化转型并非单一环节、单一方面的简单事务，而是涉及数字化生态系统的构建。数字化转型更非一蹴而就，而是重要且持续的变化过程。特别是对于企业而言，数字化转型不仅包括简单的新技术、新产品应用，还包括战略思维、组织架构、业务流程、商业模式等的全方位转变乃至重塑，企业需要以战略数字化作为思想引领、以设施数字化提供基础支撑、以要素数字化作为必要前提、以业务数字化作为创新重点，进而实现数字化的直接效益、间接效益和福利改进。由此可见，要实现数字化转型，既要有涉及不同层面但又关联互通的"道、法、术"，也需要精心设计，让数字化转型的活动与成果融入企业发展的多环节、多维度、多系统之中。

本书的内容非常丰富，既涵盖与企业业务流程、前沿数字技术相关的内容，也包括如何认识数字化转型的内涵、如何从战略发展层面认识存在的机遇和挑战、如何把握新趋势，从而实现数字化转型。同时，书中还提供了大量与新技术、新认知相关的案例，内容紧贴企业管理实践，提纲挈领式地从数字化转型的顶层设计视角思考问题，让本书具备了较高的可读性。

本书的出版恰逢其时，不仅可以让更多人理解数字化转型的概念，还可以帮助读者从更广阔的视角，深入认识数字化转型的推进路径。希望本书可以对企业和数字化转型的相关人员起到很好的借鉴和参考作用。

安　晖

中国电子信息产业发展研究院副总工程师

2021 年 11 月

推荐序 **3**

数据是比文字出现更早的工具，它帮助人类不断拓展对客观世界的认知，是社会生活中不可缺少的关键要素。身处大数据时代的企业，更是与数据及智能化运营体系密不可分，既有数字化进程辅助运营的迫切需要，也有智能化落地的飞速推进。为了更好地完成企业的数字化转型，合理使用智能化分析运营工具，我们必须掌握数字化变革的各项知识，而本书将有效助力打开这扇门。

本书从智能运营自动化与共享服务转型着眼，梳理了传统业务流程管理的核心关键，阐述了智能业务流程管理的升级和变迁；总结了人工智能、机器学习、区块链等智能计算核心关键技术，并以智能自动化、认知自动化为基础，详细分析了数字化转型的核心框架、关键要素、机遇挑战、商业价值、驱动因素及实施流程。

数字化转型的必要性和迫切性如何？运营智能化的立足点和重要瓶颈在哪里？人工智能、机器学习、大数据等先进技术如何在数字化转型及运营智能化的过程中发挥重要作用？数字化转型又如何在运营智能化体系中逐步释放能效？以上问题均可在本书中找到答案。

牛　琨

北京邮电大学教授、博士研究生导师

北京邮电大学计算机学院（国家示范性软件学院）软件工程系主任

大数据与云服务中心主任

教育部高水平特色型大学发展战略研究中心兼职研究员

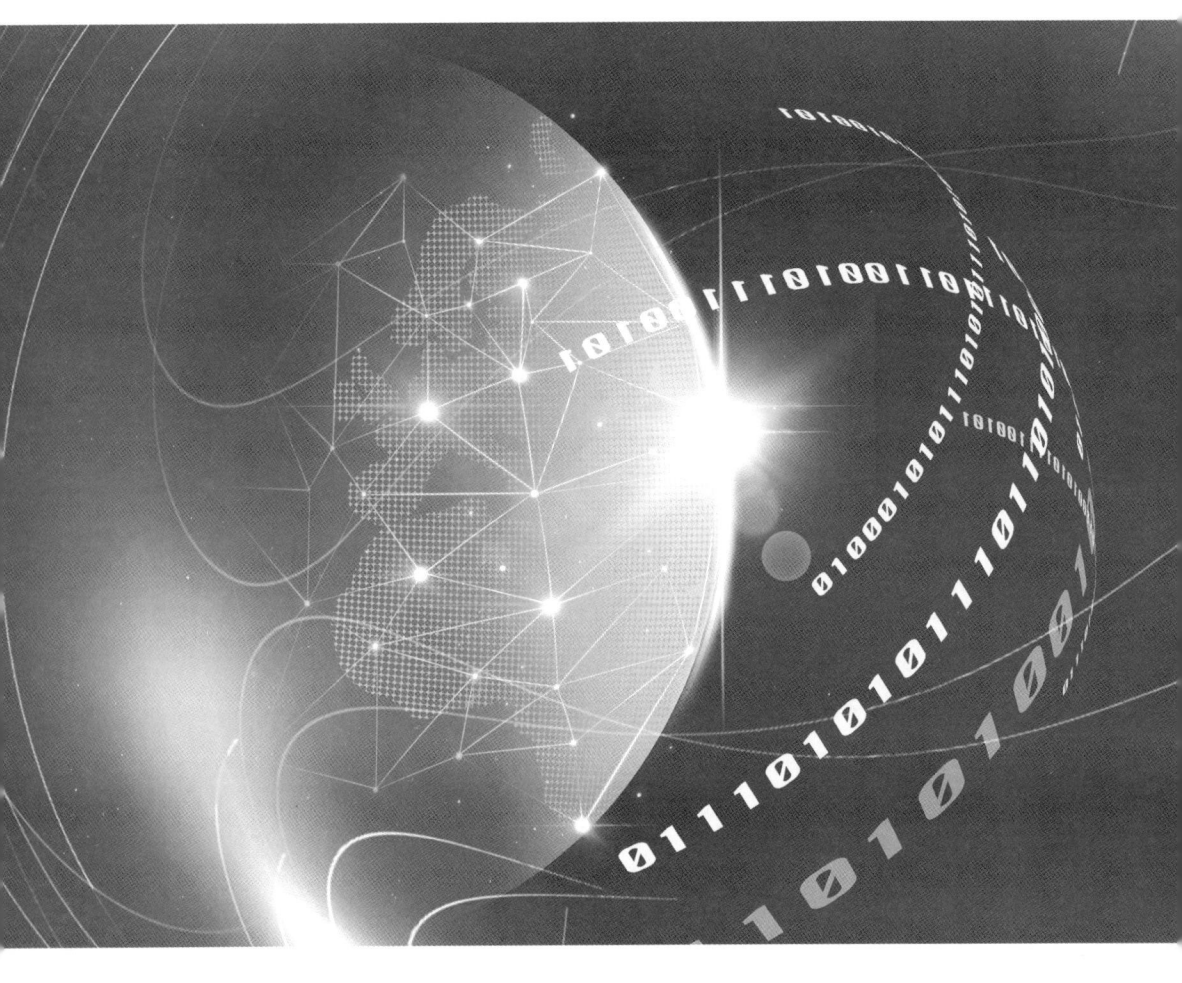

推荐序 4

在过去两年多中，为了应对全球新冠肺炎疫情带来的影响，各行各业正在加快数字化转型的步伐。之前被视为创新的，包括人工智能、机器学习、区块链、RPA 以及虚拟通信，现在渐渐成为主流。

未来的运营趋势是智能化运营，也就是结合了 AI 的运营阶段，以大数据和云端技术结合的运营。智能化正在为企业带来颠覆性的改变，从推动边际效益，到转变底层的业务逻辑。这包含企业的业务模式、外部的市场环境，乃至竞争的核心规则。这些重大的转变一方面为企业带来前所未有的发展机遇，企业能够获得更低的成本、更高的收入、为客户提供更优质的交互与体验；另一方面，企业不得不面对来自人才、技术、数据等领域的挑战。变局已成，运营智能化是企业的唯一选择。

译者张月强先生与我共事多年，既是人才管理专家，又有丰富的企业经营管理经验，其倡导的"数字人才管理 驱动组织发展"在指导产品发展的同时，能够引领客户开展数字化转型。

@叶天禄

甲骨文股份有限公司全球副总裁

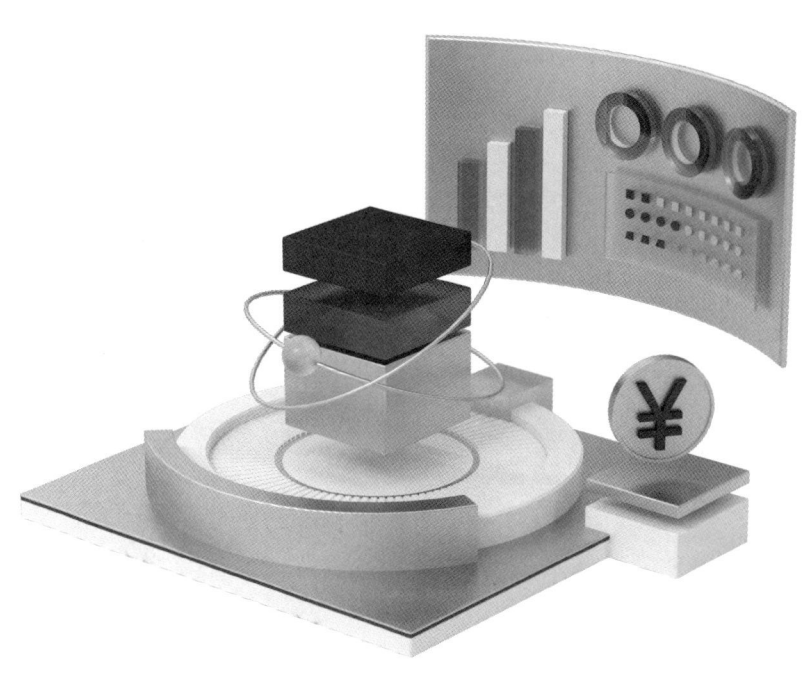

推荐语

数字化和智能化是企业的必然选择，企业的数智化转型不断深化，数智化的本质是一次业务和管理的重构与创新。企业最高领导要高度重视，业务部门和职能管理部门更要积极投入和推动。本书能够帮助企业管理者和数智化转型实践者全面理解职能运营智能化与数字化转型并在自身实践中借鉴。

用友网络科技股份有限公司董事长兼 CEO

@ 王文京

数字化转型与组织重构已经成为当前企业变革与创新的主要形式和焦点。然而，企业后台管理职能（财务、人力资源、采购和供应链管理等）的数字化转型在国内较少受到关注，但对降本增效的意义与智能制造、数字化营销等领域一样重要。本书填补了这一空白，详细论述了如何通过共享服务中心等组织变革与流程再造，以及流程自动化机器人（RPA）、智能自动化（IA）、智能业务流程管理系统（iBPMS）、区块链等新兴数字技术一起助力企业实现流程简化与优化、运营效率提升的目标。

中国人民大学商学院原院长、教授

@ 毛基业

在过去两年多中，为了应对全球新冠肺炎疫情带来的影响，各行各业正在加快数字化转型的步伐。之前被视为创新的技术，包括人工智能、机器学习、区块链、RPA 以及虚拟通信，渐渐成为主流。

数字经济时代，数字化转型是企业的必然选项。过去几年，不少企业在不同的领域开展了数字化转型的探索，尤其是数字营销等与消费者近距离接触的领域，更是在践行数字化转型，积累了丰富的实践经验。同时，我们看到人工智能、云计算、大数据、区块链、机器学习等新的数字技术更加速了企业的数字化转型，推动企业在产品研发、营销体验、服务创新、供应链管理等业务领域，以及财务、人力资源管理、IT等职能管理的智能化和数字化。本书不仅囊括了相应的技术创新和实践，更有数字化变革管理、数字化人才发展等方面的内容，相信能够帮助更多的企业正确认识数字化转型。

京东科技京东云事业群副总裁
@ 母小海

面对无数的不确定性，企业应对挑战和机遇的唯一确定性就是数字化转型。还没做好准备的企业，遭受的将是各种冲击；做好了准备的企业，获得的将是赋能。本书就像一把打开数字化转型之门的钥匙，不仅深度解析了新技术在运营智能化过程中的作用和实施路径，而且体系化地阐述了何为数字化转型，以及数字化变革管理的方法，推荐给企业管理人员学习参考。

数字化魔方创始人、SAP大中华区前副总裁、
麦肯锡商学院联合创始人及首任院长
@ 韦玮

这本书厘清了数字化的目的和本质，为如火如荼的企业数字化转型提供了一个新的视角和方向。

法国里昂商学院全球人力资源与组织创新中心联席主任
@ 唐秋勇

企业组织的数字化转型是当今最重要的管理潮流之一。管理者应当深入理解数字化的底层逻辑，这本书是非常有价值的参考著作。

华东理工大学教授、创课群落创始人
@ 高松

数字化转型不是简单的技术更新换代，而是企业商业模式、职能运营管理、业务运营等的全面升级，以及人工智能、大数据、机器人流程自动化等数字技术的融合应用。因此，智能化和数字化的全面融合与深入应用，共同推动企业数字化转型，以支撑其在复杂不确定性的商业环境中持续进化和发展。本书从智能化运营视角阐述数字化转型，为企业全面数字化转型顶层设计提供了有益的借鉴。

上上签／杭州尚尚签网络科技有限公司 COO

@ 杜宇

数字化转型是企业面对数字时代的必然选择，越来越多的企业选择将业务数字化转型和职能数字化转型同步推动，本书以职能运营数字化转型作为切入点，从企业的整体数字化转型视角阐述数字技术、智能技术、人工智能、认知计算等应用与实践，同时展望了超越企业数字化转型的思路，值得企业数字化转型从业者和实践者思考与学习。

中国科学院高能物理研究所计算中心研究员、博士生导师

@ 程耀东

随着数字化智能化的技术能力和基础设施持续普及，大量实体企业意识到当今数字化转型的时代重心正在从"新建"走向"运营"。前些年的数字化转型成功案例主要是利用技术如何"使能"，而最近越来越多的案例是利用运营的智能化、精细化让数字化应用对企业营收和用户体验做出直接可量化的"贡献"，数字化与企业、各类组织的生态融合也越来越融洽。本书的出版，可以说正当其时！值得每一位企业数字化的实践者认真阅读。

上海原圈网络科技有限公司 创始人 CEO

@ 韩剑

目　录

第 4 章　智能业务流程管理
　　　　　　　　　　　　　　　　　　　　　　　　　　　　041

第 5 章　机器人流程自动化
　　　　　　　　　　　　　　　　　　　　　　　　　　　　059

第 11 章　数字化转型　141

第 12 章　数字化变革管理　155

第 13 章　数字化劳动力管理　171

第 1 章

引言

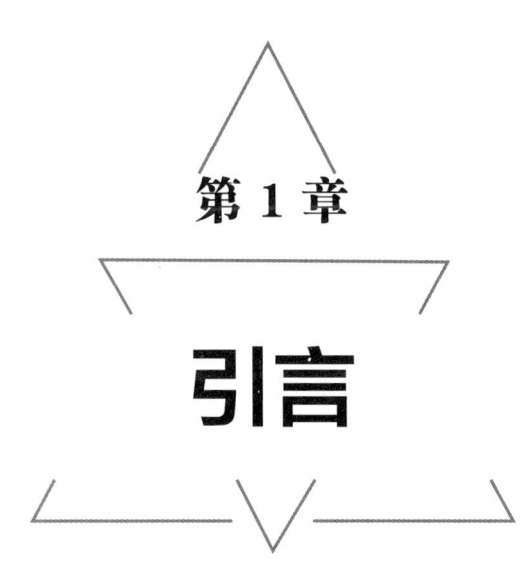

自动化被定义为一种有效消除或减少人工劳作的技术，如今这一概念已广为人知。实际上，多年来，各个组织或企业已将其转化为一种改善职能管理和运营的有效变革手段。同时，以软件为代表的科技创新及在企业中的深度应用为组织或企业实现进一步的自动化奠定了坚实的基础。自动化解决了我们日常工作和生活中必须执行的烦琐任务，使我们能够专注于更有意义的工作，从而提升了工作效率和工作效能。

自动化更是推动组织或企业职能转型的关键因素之一。各个组织或企业都在转变其职能以求更加敏捷和高效地工作，而随着技术的重要地位日益凸显，这一切变革将在数字化转型的过程中成为可能。自动化并非是机器人取代人类，而是人类与机器人和人工智能协同工作、能力互补，进而实现组织或企业运营的最优结果。机器人或"数字工人"擅长处理事务性、数据密集型和高重复性的工作任务，这样人们才能专注于更具创新性、创造力和富有战略意义的工作。

从业务的角度来看，组织或企业需要尽量避免对复杂或重复性业务流程进行人工干预，此类需求可以对组织或企业的运营绩效产生积极影响。通过自动执行某些决策，组织或企业不仅可以加快工作流程，提升效率，还可以提高业务成果的准确性和一致性，即组织目标的达成和组织效能的提升。因此，业务流程自动化是指在人工劳作可以被替代的业务中使用自动化技术来执行重复性的任务或流程，从而实现成本最小化、效率最大化和流程最简化。数字化流程自动化是为企业提供完全满足用户期望的完美体验的基石。然而，如果组织或企业想向实现业务目标和业务需求的大方向转型，任何制约组织绩效和组织能力的固化或僵化的标准套件式系统配置均须重新考量，因此，我们需要对组织或企业服务进行系统重塑以适应新的挑战和要求。

从全球范围来看，企业的职能支持部门主要负责后台服务应用，例如，财务管理、人力资源管理、IT管理、采购和供应链管理等，它们的数字化和数字化转型正在如火如荼地进行中。其中，重要的途径是共享服务转型、共享服务组织（共享服务组织是诸如财务共享公司、共享服务中心、人力资源服务公司、采购中心、物流中心、IT 共享中心等承担共享服务职能的组织的统称）或共享服务中心建设。共享服务组织的职责是管理和交付企业或组织的公共服务，即将支撑企业或组织运营的公共业务和管理的支持服务，以集中运营的模式实现共享并提供给全集团或组织内各个业务单元使用。这些支持服务主要集中在财务会计、人力资源、采购与供应链，以及 IT 管理与运营等职能领域。通过将业务流程管理（Business Process Management，BPM）、企业资源计划（Enterprise Resource Planning，ERP）、机器人流程自动化（Robotic Process Automation，RPA）、智能自动化（Intelligent Automation，IA）和区块链（Block Chain）等自动化及数字化转型技术整合到运营中，可支撑组织或企业实现流程简化与优化、运营效率提升的目标。

BPM 是一门管理学科，它通过将组织的目标与用户的期望、需求有机整合，进而推动企业的运营变革。BPM 专注于端到端流程建模和分析，并将企业战略、组织目标、企业文化、组织结构、岗位角色、政策法规、方法论和技术工具有机结合。其目的是基于运营效果寻找机会，重新思考业务流程和 IT 支持，在此基础上进一步分析、设计、实施、控制，并不断改进端到端流程，围绕企业运营的方法论和标准规范建立科学的流程治理结构。

RPA 技术则是一个能够便捷导入且日益普及的应用。RPA 能够应用机器学习技术执行事务处理，以及监控业务活动中所需的更高级别的决策。RPA 软件在使用过程中能够不断学习，并且能够与流程和人员进行交互，同时将逐渐具备对结构化数据和非结构化数据做出更高级别决策的能力，因此，RPA 对共享服务必然产生重大影响。RPA 具备的降低成本、节约劳动力和提高流程效率等优势引起许多组织或企业对自动化产生极大兴趣。尽管大多数组织或企业仍处于采用 RPA 和 AI 使能的自动化早期阶段，但制定总体自动化策略并开发可映射到特定业务成果的正确用例对智能自动化的成功应用至关重要。

IA 是一组可以基于规则和相关操作模仿人的行为的计算机程序。能够简化决策的 IA 系统通常使用工具来汇总、提取和分析诸如人类表达或非结构化文本等复杂信息。这种自动化分析和决策过程可以嵌入工作流程中，并由人工审核和批准机器决策，例如推理、情景还原、反馈、视觉感知、语音识别，以及基于复杂规则的决策等。当 IA 被用于更复杂的情境时，它可以表现出强大的感知力。感知力是一种基于认知学习算法的思维方式，IA 系统通过回答问题来进行学习。结合了 IA 的 RPA 不再局限于标准事务性作业任务或流程效率和生产力的提升，而是能够精确地处理高价值的复杂活动，且相关档案记录清晰明了，极少需要人为监督。共享服务中使用的 RPA 和 IA 正在创建新的运营模式，从而解放了劳动力，使人们可以更专注于高级分析、计划和决策等高价值的增值活动。

区块链技术正在改变数据存储、验证和访问的方式。借助数字技术，区块链以一种分类账本的形式按时间顺序记录数据或交易。每个参与者自动复制和维护该分类账本，从而创建了一个"去中心化"的、以共识为管控准则的、防篡改的资产和交易公共分类账本。区块链技术正在改变也将彻底改变财务和会计服务。与当前的金融交易不同，区块链技术不需要依赖任何一方、中间人或监管机构。共识认证将作为交易记录在各方之间共享，以此驱动区块链运转。因此，交易会变得更加安全、透明。

以上这些技术还能够帮助企业或组织实现更好的决策并提高内外部用户的满意度。共享服务组织将始终致力于提供更好的规模效应，降低成本并提高效率，考虑到对更短处理周期日益增长的期望和预算的限制，这并不是一项容易完成的任务。数字变革的路径包括创新（Innovation）、数据化（Digitization）、数字化（Digitalization）和数字化转型（Digital Transformation）。数字化变迁路径如图 1.1 所示。

创新是引入能够为组织或企业创造价值的新事物，可以是渐进式的，也可以是激进式、颠覆式或革命性的。业务流程创新改变了业务运作的方式。

数据化是将信息从模拟形式转换为数字形式的过程，即将呈现内容转变为可被计算机读取或识别的信息的过程。

数字化通常与数据化互换使用，并且可以定义为围绕数字通信和媒体这一基础结构重构社会生活的多个领域，从而使企业和用户受益。

数字化转型具有更广泛的数字化含义，因为它是一种影响所有业务功能的变革维度，有着强烈的用户导向和业务导向属性。换句话说，一系列数字化项目能够引领企业或组织的数字化转型。

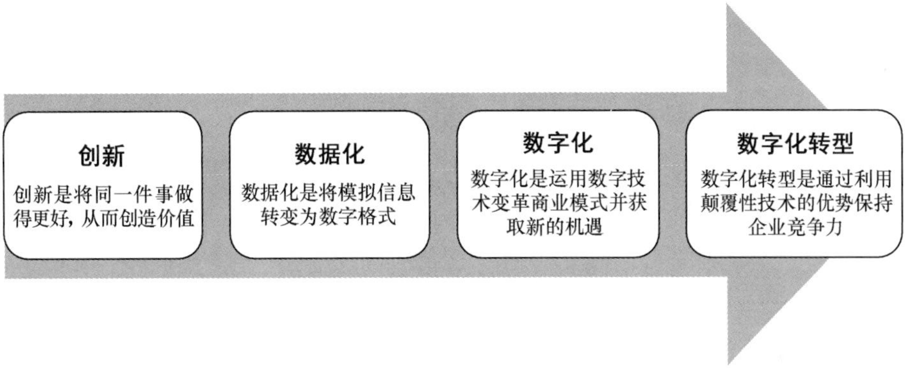

创新	数据化	数字化	数字化转型
创新是将同一件事做得更好，从而创造价值	数据化是将模拟信息转变为数字格式	数字化是运用数字技术变革商业模式并获取新的机遇	数字化转型是通过利用颠覆性技术的优势保持企业竞争力

图 1.1　数字化变迁路径

数字技术在组织或企业中的广泛应用改变了职能部门的结构和运作模式。大多数全球化运作的大型企业选择将企业内部包括财务会计、人力资源、IT 服务和采购与供应链服务在内的企业业务支持职能作为突破口，通过服务交付模式的创新与变革，不断改变和重塑业务支持生态系统。共享服务组织不应该将自己狭隘地定义为提供服务的作业工厂，而应将自己视为推动企业职能运营智能化的专家中心。共享服务组织需要引入机器人、数据分析和流程管理等领域的专家，而非单纯地雇用低成本的员工。

组织或企业已经有明确的共识，即数字化能力对于企业和业务支持职能部门的自动化和转型升级至关重要，并且通过实施整体化业务服务为这些职能部门的改造和变革创造契机。这些数字化和智能化技术不仅提升了效率，还提升了企业经营管理的洞察力，从而推动业务敏捷性的提升，并打造一个高效连接的智能企业。因此，数字化转型成为企业管理变革和业务创新的必选项，尤其是面向企业业务运营的职能管理数字化理念被越来越多的企业引入和深度应用，企业领导人需要借助数字化转型专家的帮助建立系统的数字化思维。然而，人们往往并不清楚这些技术是如何运作并以怎样的紧密程度联系在一起的，也不确定投资这些技术会带来哪些好处和价值。因此，想要实现数字化转型的企业领导者需要了解哪种技术对业务支持职能部门最有益处，以及哪些投资将带来更有意义的结果。

本书的出发点就是消除一些可能存在的对数字化和智能化技术的误解，并阐明和展望这些技术在企业的真正应用前景和演进趋势。同时，结合企业职能管理的共享服务转型和共享服务组织应用数字技术的场景与实践，本书试图帮助人们更清楚地理解如何利用自动化和数字化转型技术来提高共享服务的组织效率和业务有效性，进而提升企业的智能化运营能力。另外，立足数字化和智能化技术的创新应用和企业数字化转型，可帮助企业构建适应商业环境不确定性的组织能力。

本书将从职能管理自动化与智能化，以及共享服务转型的视角阐述企业业务流程管理、智能业务流程管理等企业职能运营管理变革与数字技术的融合应用，在此基础上深入探讨机器人流程自动化、人工智能、机器学习、智能自动化、认知自动化、区块链等数字技术的创新发展及在智能运营中的深入应用实践，帮助更多的企业和组织构建数字化转型的模式和思路。

从共享服务组织的人才视角出发，我们敏锐地观察到共享服务组织中的工作人员在面对创新性的数字技术应用深度推广，尤其是大批量替代人工操作的智能化技术的普及时，不可避免地会陷入职业发展的迷茫和困惑，即担心自己原有的工作被替代后如何进行自身转型和发展。本书也将从人才发展的视角探讨在数字智能环境下共享服务组织中的人如何实现持续转型。

第 2 章

职能运营自动化与共享
服务转型

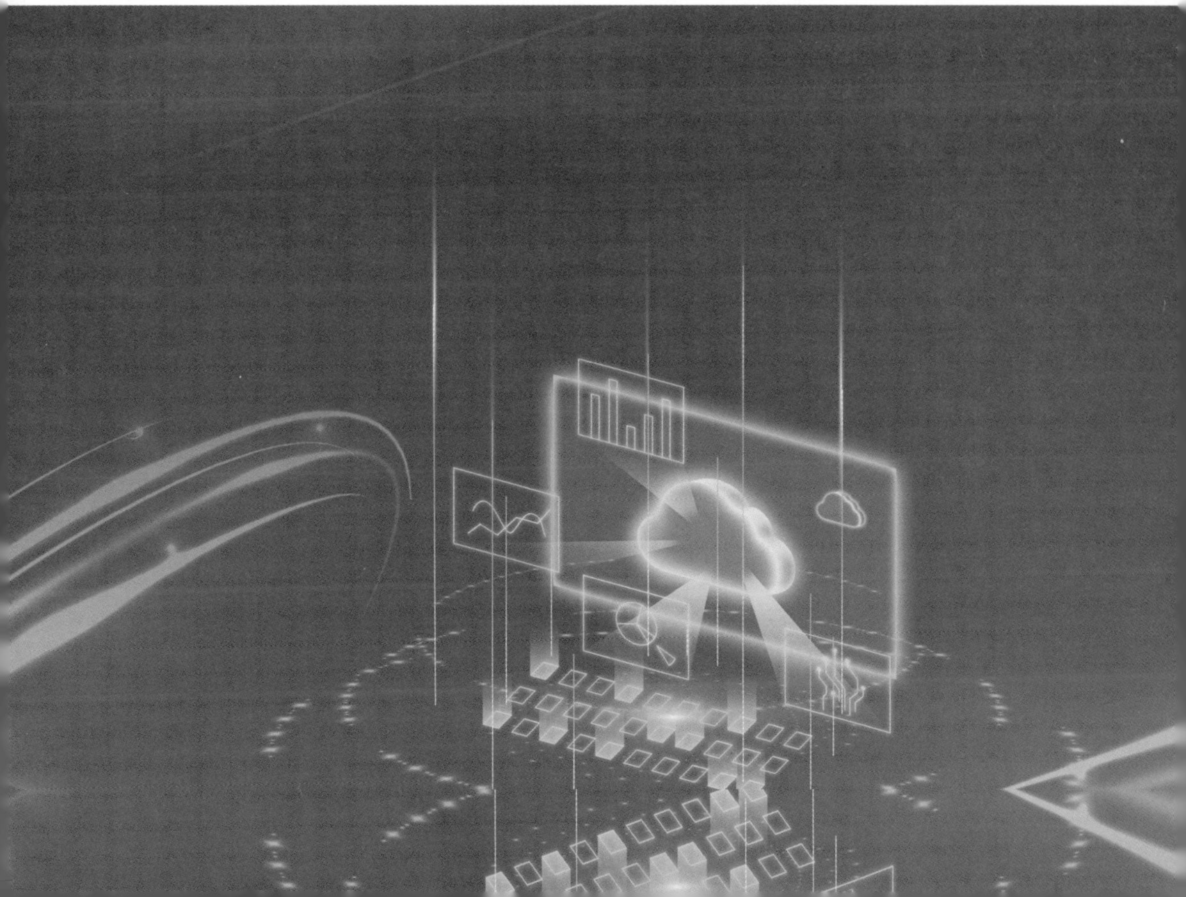

自动化技术精简了职能运营的流程，提高了组织或企业的规模化运营能力，让企业可以在无须额外增加人员的前提下更快更好地执行更多的工作。事实上，许多组织或企业正在从烦琐的人工作业流程升迁到数字化智能运营。自动化集成了从机器人流程自动化到人工智能的一系列工具，这些工具能够有效提高员工的生产力，增强决策能力，并有助于系统性地优化企业运营管理。自动化技术的应用已经从单纯实现成本和效率的收益发展为以用户为中心的用户体验提升。

企业管理和职能运营相关组织或企业活动的方方面面都涉及自动化。自动化一直在帮助全球各个行业的企业寻求通过用机器操作代替人工劳作从而提高效率的方法。许多组织或企业已经着眼于采用自动化技术促进业务增长，并鼓励员工提高创造力、生产力和创新力。自动化由计算机等机器实现，这些机器完成重复性任务所需要的时间远少于人工劳作，同时其准确性更高且"任劳任怨"。

自动化以各种复杂多样的方式影响着员工，因此，员工必须对不同的软件系统有更深入的了解并获得相关培训，以确保他们紧跟自动化趋势并从中受益，而不是将其视为替代自己工作的潜在威胁。不断推陈出新的科技应用与日常工作、生活的深度融合是大势所趋。鉴于计算机可以承接事务流程，那些仅负责处理事务性或流程性工作的人员应该被赋予新的角色，以帮助他们转型，洞察数据和信息中的价值，并据此做出决策支持。自动化不仅对管理、变革和持续适应职能运营至关重要，还能够通过其流程优化对业务运营方式起到关键作用。通过自动化简化变革的实施，企业领导者得以投入更多的时间和精力专注于创新。因此，实现自动化的企业，其目标应聚焦在更高效地完成工作上。

每项业务都有适用的关键策略，具体取决于业务本身所处的行业和用户基础，自动化则毫无例外地成为一项对所有业务有所助益的关键策略。简言之，自动化确保业务可以在不占用太多人力和时间的前提下更完整、更有效地运作。不可否认，业务在开展过程中总有某些例外情况需要我们更多地关注，这时自动化会自然而然地自动执行其他烦琐且耗时的任务。因此，无论业务性质如何，业务都可以通过系统轻松实现自动化。自动化应用影响的领域如图 2.1 所示，领导者需要根据自身业务发展，确定如何进行优先级选择以更好地实现业务目标。

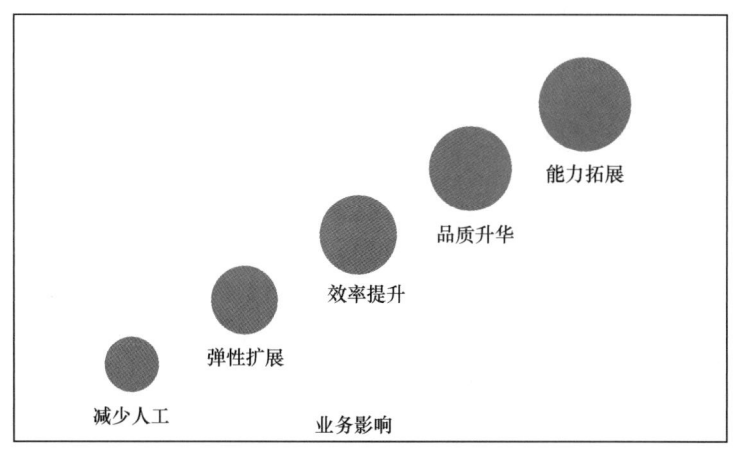

资料来源：安永咨询

图 2.1　自动化应用影响的领域

2.1　什么是职能运营自动化

职能运营自动化是通过将原来需要人工干预或深度人工参与的作业流程，利用 IT 技术将其自动化进而提高职能部门工作效率的过程。作为数字化转型策略的一部分，职能运营自动化存在于组织的所有职能中，其目的是将员工从重复性、事务性的任务中解放出来，使他们能够专注于为组织带来更大价值的活动。自动化可以在不降低准确性和质量的前提下简化职能运营流程。自动化适用于许多流程，包括付款、信用管理和财务报告等。人工处理应付账款和应收账款操作是企业中成本最昂贵、效率却最低的职能运营方式，因此，负责应付账款和应收账款的职能部门更是格外适合以自动化为支撑的数字化转型。作为后台财务操作的基础，从发票收据到交货凭证的所有内容需要细致的文档跟踪、数据输入、供应商关系管理，以及合规透明的交易记录等。这些都是自动化应用的最佳场景。

在实施自动化的企业中，大多数企业选择将业务职能与自动化技术融合适配，从而对高频重复的后台职能实现自动化，进而优化企业内部的工作流程，使之更便捷，降低出错率。作为对现有软件的扩展，自动化技术将新的软件应用嵌入 ERP 管理系统，由此类应用执行许多重复和单调的工作。这些职能原本由各个职能部门的多个不同员工负责，而在数字化转型技术的帮助下，员工可以节省时间和精力。借助自动化技术和精简的跨部门协作软件，员工可以专注于更高层次、更高优先级或更重要的工作。这样就产生一个经过精细调整的企业工作流程，该流程仅通过一个集成软件就同步了多个职能部门中多个员工的工作，从而最大限度地减少资源浪费，并充分利用资源。

实现职能运营流程自动化的机会无处不在，因而自动化已经成为企业各项业务开展中不可或缺的共同要素。无论是提供优质的用户服务，简化招聘流程，还是更有效地管理营销活动，自动化在业务职能运行中都发挥着重要的作用。职能运营自动化的基础和前提是自动化流程可以节省时间，并且可以将有限的资源转移到其他更有价值的地方，这意味着企业可以保持更精简的组织规模且使组织变得更敏捷。因此，职能运营自动化可有效推动企业效率提高、生产力提高和成本降低，从而为企业带来更健康、更持续、更稳定的利润空间。企业的每个领域都依赖于职能流程，例如，采购、财务、人力资源、IT、市场营销、物流运输所有业务支持职能，以及其他业务职能都基于流程来保持业务的高效运转。流程为业务带来了可重复性和一致性，这就是职能自动化从效率到业务治理和法律合规等方面都可以使企业受益的根本原因。

2.2　职能运营的杠杆方法论

杠杆原理是利用所有可凭借的资源实现新的、更高的或额外的目标，是利用组织内部的现有能力来获得新的产出并最终取得成果的有效途径。在企业的职能运营管理中，可以将杠杆原理视为用以提高效率的策略之一。方法论通常用于解决特定的问题，是配合一系列设定的规则、方法、活动、可交付成果和过程来"做正确的事"及"正确地做事"的手段，本质上，方法论必须是规范的、清晰的、确定的，以便遵循治理体系（Governance System）所建立的约束，并且必须在遵循这些约束的基础上，结合可能进一步引入的其他约束来执行相应的方法（流程）。

职能运营的杠杆框架如图 2.2 所示。职能运营的杠杆框架展示了 3 个不同的领域，即治理系统、管理系统和方法论体系。治理系统可以用来确立控制决策的规则和约束，不负责强制执行或监督相关活动以确保合规。方法论体系可以用来确立符合治理规则的流程，并可能引入其他规则以持续完善方法论体系。管理系统是指负责日常运营并确保决策遵循治理和方法论规则的系统和资源。对于治理系统，管理系统提供了具体的支撑手段，通过该手段可以在现实世界中实现治理体系的约束和目标。错误定义或执行不当的方法论会危害与治理系统相关的业务目标。构成方法论体系的基石是准则、人员、流程、指标和工具。

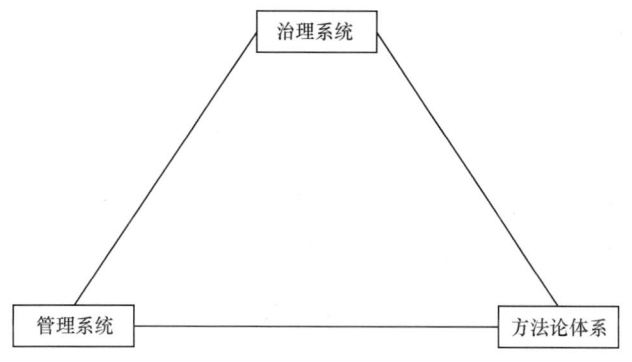

图 2.2　职能运营的杠杆框架

1．准则

准则定义了建立约束和主导决策的规则。准则是治理系统的核心，因为准则决定了谁有权做出决定，准则为这些决定建立约束，并规定了不遵守规则的后果。准则基于目标、政策、标准和指南来确立决策规则。

2．人员

人员承担不同角色并根据准则做出决定。人们在治理准则规定的约束范围内做出决策。如果要建立一个成功的治理系统，人们必须了解准则的意图，也必须理解并接受准则所确立的责任和权威。

3．流程

流程能够协调与准则相关的决策活动，是一系列活动的有序体现。区分治理流程与服务交付相关的其他流程十分关键。任何流程都可被视为一项活动。治理系统依赖于治理流程来确保其合乎准则。

4．指标

指标可用来衡量对准则的遵守情况，提供可用于验证是否合乎准则的信息。指标的使用增强了治理体系在执行进程和有效性方面的可见性。指标还可以衡量趋势、统计违规次数和例外请求的次数等，大量的例外请求可能表明现有的准则不合适或不够有效。

5．工具

工具可辅助分析和实施，并推动治理任务和流程的自动化。优秀的方法论可以使管理者正确地完成服务交付，相反，不够优秀的方法论则会带来不必要的或僵化的制约因素，甚至是毫无指导意义的活动。卓越的服务交付方法论的要素包括服务清单范围的定义、服务审核、服务组合、集中式服务注册、服务相关的详细信息、服务交付框架（共享服务、外包和二者混合）及服务水平协议（Service Level Agreement，SLA）模板。

2.3 共享服务方法论的基本要素

企业内部的各个业务部门需要业务支持服务以支撑其运营并实现企业的战略目标。然而，目前，企业用于提供支持服务的方法论可能无法实现组织的所有绩效与目标，主要原因在于，当前的方法论缺乏分步指导和清晰的路线图作为辅助，没有关注实施共享服务时所需的新系统和新流程相关的变革管理，也没有在功能导向和服务导向的定义上提供更有益的帮助。

服务交付方法论被定义为一系列服务交付的指导原则、标准、程序和规则，也是一套包括设计、实施和操作所必需的工具在内的工作方法和管理实践。该方法论代表一种方法体系，可用于概念化、设计和实现业务支持服务的集成模型。它需要在流程的各个阶段提供有序的步骤。举例来说，方法论是以一种被定义的、计划好的方式来测试"某物"，验证测试结果，实现所需的可交付成果并持续监控后续的改进措施。方法论是一种经过深思熟虑的、定义明确的、可重复的方法。最重要的是，使用完善的方法论可以证明某些事情的完成方式及其结果实现的有效性。

为了清楚地定义共享服务方法论的基本要素，我们运用一种经过改进的六西格玛方法 DMEDI，即 Define(界定)、Measure(度量)、Explore(探索)、Develop（开发）和 Implement（实施）构成的基于利益相关方价值的方法论。根据相应原则，共享服务方法论的基本要素和路线如图 2.3 所示。这些共享服务方法的基本要素提供了在战略、架构、服务、人员、技术、项目管理和变更管理方面实现变更和推动变更的步骤，以整合 DMEDI 方法中每个阶段的业务支持服务的交付。

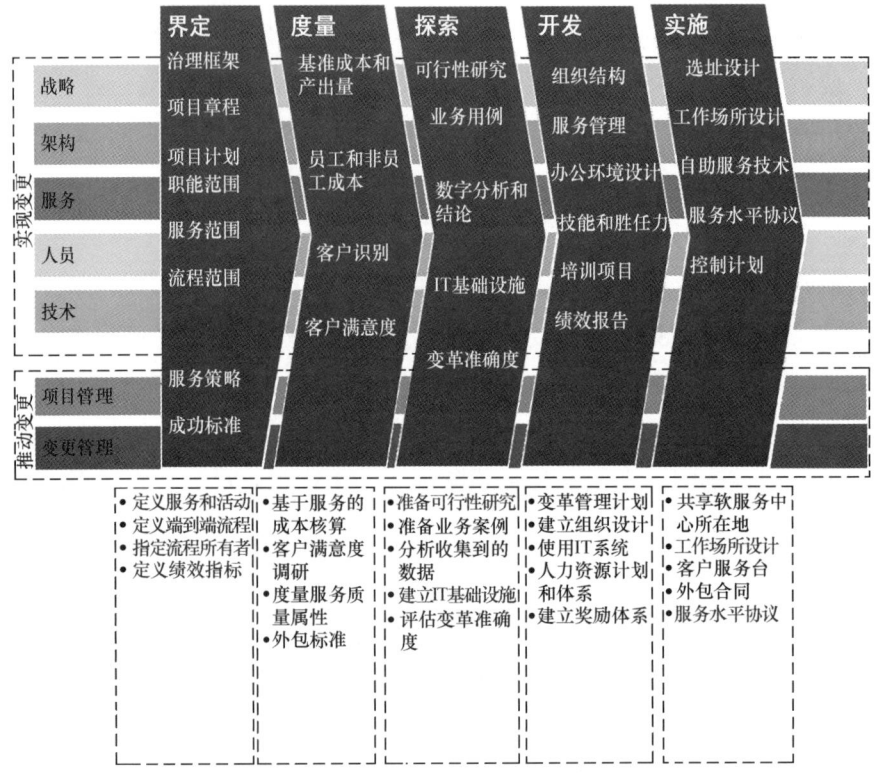

图 2.3 共享服务方法论的基本要素和路线

1．界定（Define）

- 建立包括战略愿景在内的服务交付治理框架。

- 定义将通过业务支持服务组织（共享服务组织）交付的所有服务的职能范围。

- 定义标准的端到端全局流程。

- 为每个全局流程指定一个所有者，并在绘制流程图时建立赛道，以定义将在业务支持服务组织内进行管理的流程步骤。

- 制定要使用的服务交付策略（即卓越运营、流程创新和加强与用户的关系）及所提供服务的范围。

- 确定所有内含服务的范围。

- 确定外包标准。

- 确定外包服务的范围。
- 选择外包服务供应商。
- 从用户视角确立服务交付的成功标准。
- 定义绩效指标和价值贡献指标，以佐证成本的降低和生产力的提高。

2．度量（Measure）

- 确定每个服务的基准成本和基准绩效指标。
- 准备一个服务目录，列示将由内部和外包服务供应商交付的服务。
- 识别每项服务的内部用户。
- 进行用户满意度调查，以听取内部用户的反馈并建立用户满意度基准。
- 确定每种服务的职能性和非职能性用户需求。

3．探索（Explore）

- 准备可行性研究和业务用例以展示对企业有价值贡献的变革。
- 评估 IT 基础架构和体系结构，以便交付内包服务并与其他外包服务供应商进行整合。
- 评估变革准确度和变革障碍。

4．开发（Develop）

- 制订变革管理和持续改进计划，以便及时透明地沟通并解决变革障碍。
- 建立对应的组织架构并定义能够整合多个服务提供者的角色。
- 建立服务管理办公室结构。
- 开发用于内包服务的支持性 IT 系统，并确保与流程融合。
- 为服务交付组织内的每个职位确定所需的技能和能力，以帮助新员工的入职和员工发展。
- 开发可用资源的人才库。
- 建立奖励和表彰体系以激励员工。
- 为核心员工制定职业发展路径。

- 制订有关服务交付概念、变更管理、流程和 IT 系统的培训项目。
- 制订绩效指标。
- 制订定期绩效报告。

5．实施（Implement）

- 选择内包服务交付中心的所在地，并最终确定内包服务中心员工的工作场所要求。
- 将已定义的角色职位进行分配，并根据需要任命用户经理。
- 建立用户服务台或使用自助服务技术。
- 与外包服务供应商进行合同谈判。
- 与用户签署灵活的 SLA，以便提供满意的服务（考虑在运营两年后取消 SLA）。
- 落实需求管理计划。
- 建立控制计划和验证计划，以确保取得期望的结果。

共享服务方法论需要在企业或组织中进行多项管理实践，这些管理实践的简要定义如下。

（1）工作
工作是指向用户交付服务的输出物及为交付各项服务而执行的活动。

（2）服务分类
分别识别和处理的治理服务、直接业务服务和共享服务。

（3）基于活动的成本核算
活动总成本包括所有人工、非人工成本（例如，合同约定服务和人员、所购材料和物资、设备和技术、间接费用和行政管理费用等）。

（4）绩效评价
可以在多个不同层级上设置目标，例如，服务、服务组合、任务段、职能及整体共享服务中心等，并且这些度量目标应关联用户、服务承诺及内部运营管理等。

（5）服务分组

服务不应按职能分组，而应按能力和交付形式等相似的服务和活动进行分组。

（6）组织建模

跨职能方法为卓越绩效创造了可能，例如，细分的、基于技能的、流程的、组合的、职能的、矩阵型的组织模型等都是应该考虑的选项。

（7）联合改进计划

应与用户共同发现改进的机会。

（8）用户识别

将"用户—提供者"范式应用于内部服务提供者及其所支持的组织内人员，也是恰当且有益的方法。

（9）用户满意度评估

在初始阶段，用户满意度评估是了解所提供的服务是否能够有力支持用户业务成功的最佳方式。

（10）用户需求

用户需求可以依据可获取性、可靠性、响应程度、提供者的技能和知识、适用性和成本／价值等标准进行分类。

（11）转移定价

转移定价流程的目的是持续收回全部的服务成本，这符合企业的最大利益；结清账目；积极影响与服务和服务成本相关的用户行为；就如何使用和提供服务做出更好的管理决策。

（12）服务水平协议

服务水平协议可以有几个短期目标，包括促进服务供应商与其用户之间的对话，最终使双方达成协议；对将要提供给用户的一系列服务做出预估或实际承诺；正式确定对某项服务水平的承诺，包括成本、用户满意度和其他绩效指标等细节，并最终确定业务关系中用户认为重要的其他方面（例如，付款安排、角色和职责、突发事件处理等）。

（13）用户委员会

用户委员会可以有多个目标，例如，让用户直接参与共享服务的领导和管理，以及设置共享服务社群或论坛，以便关注和解决影响多个用户群体的问题。用户委员会应当成为业务部门和共享服务的倡导者，保护业务部门和企业的利益，协助其设定总体方向并消除障碍，在绩效考核中提供指导，认可并支持共享内部服务的活动，积极参与内部和外部的交流活动与项目，并成为以用户为中心、以业务为基础的服务交付方法的推动者。

（14）能力素质模型定义

能力素质模型定义的目的是确保供应商具备交付服务所需的能力，从而最大限度地为用户和整个组织带来利益。

（15）服务培训

服务培训的目的是提高员工对正在进行的变革计划的了解；提高将变革需求内化的积极性；增强理解预期变革性质的决心，包括应采取什么样的措施等；更多地通过评估人员变动来选择/保留人员，以改变群体特征而不是个人行为；更多地通过技能和知识的培养来达到预期的效果，并且更多地通过采用和提供所需的工具和支持进行赋能。

（16）职业发展

制定进入、通过和退出共享服务组织的职业路径，根据适当的路径评估具体的员工，并制订相应的发展计划来促进员工的成长。

（17）激励与认可

物质和非物质的激励与认可计划应为满足共享服务职位和共享服务组织整体的特定需求而量身定制。

（18）对标

对标主要有两种类型：结果对标和最佳实践对标。结果对标着重于量化绩效指标，即某项工作的完成情况；最佳实践对标侧重于流程，即工作是如何完成的。

（19）需求预测

依据用户反馈、业务前景和经验预测数量和时间等，进行具体安排。

（20）愿景/使命/行动方针

设立共同的愿景、价值观和行动方针。

（21）服务业务管理

不同的竞争性业务服务实践会对共享服务性能的各个方面产生不同的影响。鉴于同样的实践并非对每个组织来说都是最重要的，所以特定的组织或企业必须依据自身情况做出正确决策，进而采取合适的行动。

（22）持续改进

共享服务的实施是一个持续的过程，而非一个偶发事件，随着共享服务中心绩效的提升，用户的期望也会相应提高。

（23）沟通计划

制订基于事实的计划，以便组织或企业、内部用户和员工相互沟通，实现多方共赢。

（24）供应商伙伴关系

将外部服务供应商视为"首选供应商"。

（25）变革的责任主体

成为一个勇于变革的代言人，进而形成企业持续变革的基石。

（26）服务质量管理

建立一个系统对即将交付的服务进行质量管理。

2.4　自动化技术

用于实现业务支持职能自动化和服务转型的技术术语可能会晦涩难懂，为了使这些术语易于理解，将其定义如下。

1. 高级分析

高级分析是数据科学的一部分，它使用高级方法和工具来预测未来的趋势、事件及行为。能够提供原始数据用于大数据和预测分析的数据挖掘是高级分析的关键步骤。高级分析可发现、解释和交流数据中有意义的模式，并且将数据模式应用于有效的决策。换句话说，高级分析可以被视为

组织或企业内数据与有效决策之间的纽带。

2. 人工智能

人工智能是智能计算机系统的理论，该系统能够执行通常需要人类智慧的任务（即视觉感知、语音识别、决策、各种语言的翻译等）。人工智能通过机器尤其是计算机系统，对人类智能过程进行模拟。这些过程包括学习（获取信息和使用信息的规则）、推理（运用规则得出近似或确定的结论）和自我纠正。AI 性能有强弱之分，其中，弱 AI 也被称为窄 AI，是为特定任务而设计和训练的 AI 系统。虚拟个人助理（Virtual Personal Assistant，VPA）就是一种弱 AI，其典型应用是苹果公司的 Siri（苹果智能语音助手，是 Speech Interpretation Recognition Interface 的缩写）。

3. 大数据分析

对于传统数据处理应用软件来说，过大或过于复杂而无法处理的数据集是一种挑战，大数据是可以对其进行分析处理或系统性地从中提取信息的技术。大数据可以通过计算机分析来揭示其模式、趋势和关联的超大型数据集，往往与人类的行为和互动相关。大数据分析是通过检测大型且多样的数据集即大数据，从而发现隐藏模式、未知关联、市场趋势和用户偏好等信息的复杂过程，以此来帮助组织或企业做出明智的业务决策。

4. 区块链

区块链是一种以固定的、防篡改的共享分类账来记录数字资产状态变化的方式。区块链促进了安全的在线交易。它是一种"去中心化"和分布式的数字分类账本，可用于记录多台计算机上的交易，在不改变所有后续区块且未获得网络共识的前提下无法追溯更改记录，进而确保参与者可以验证和审核交易。

5．云计算

云计算是不需要用户直接进行主动管理便可以按需获取的计算机系统资源，尤其是数据存储和算力资源。该术语通常用于描述互联网上可供众多用户使用的数据中心。云计算不使用本地服务器或个人计算机，而是利用托管在互联网上的远程服务器来存储、管理和处理数据。

6．认知自动化

认知自动化（Cognition Automation，CA）在高级决策算法的帮助下实现了决策支持。CA 基于能够将信息密集型流程智能化的软件，与机器人流程自动化相关联，作为人工智能和认知计算之间的联结。

7．认知智能

认知智能（Cognition Intelligence，CI）是一种通过制订计划、进行推论和使用逻辑推理来解决问题的能力，并且可以从环境中自我学习和在对环境进行响应的过程中运用抽象思维。

8．数字孪生

数字孪生或数字双胞胎是现实世界实体或系统的数字化体现。数字供应链孪生是现实中（通常是众多不同企业之间）供应链的数字化体现，它通过展示数据对象之间各种动态的、实时的、不同时间阶段的关联，最终反映现实中实际供应链的运作方式。数字孪生是供应链本地化端到端决策的基础，可以确保该决策在整个供应链得以贯通。数字供应链孪生以整个供应链及其运营环境中的所有相关数据为基础。换句话说，数字供应链孪生是端到端供应链上的所有相关实体之间关系的数字化体现，例如，产品、用户、市场、分销中心、仓库、工厂、财务、属性和天气等。

9．智能自动化

智能自动化是自动化和包括自然语言处理、机器学习和机器视觉等在内的人工智能的结合物。IA 系统不仅可以感知和综合大量信息，还可以将整个工作流程自动化，并且可以随时进行学习和调整。

10．智能流程自动化

智能流程自动化（Intelligent Process Automation，IPA）是一系列新兴技术，可以通过机器人流程自动化和机器学习相结合将基本的流程重新设计。

11．物联网

物联网（Internet of Things，IoT）是一个由相互关联的计算设备、机械和数字机器、物体、动物或人组成的系统，这些系统具有唯一的标识符，并且不需要通过人与人或人机交互就可以在网络上进行数据传输。IoT 是指日益发展的实物网络，这些物体具有用于网络连接的 IP 地址，相互之间及与其他启用互联网的设备和系统之间可以进行通信。

12．知识流程自动化

知识流程自动化（Knowledge Process Automation，KPA）是指使用软件自动程序来将基于知识（专业知识）而非规则的流程和服务自动化，以实现价值创造，提升有效性。这些基于知识的流程和服务主要涉及非结构化的、基于推理的数据，据其可以得出一系列近似答案而非唯一的正确答案。

13．机器学习

机器学习（Machine Learning，ML）旨在为计算机提供不需要明确编程即可学习的能力。换句话说，机器学习研究的是计算机可以直接从数据中获取知识从而学习解决问题的方法。机器学习技术基于人类在漫长的发展过程中所积累的知识和经验，试图模仿自然。

14．自然语言处理

自然语言处理（Natural Language Processing，NLP）是语言学、计算机科学、信息工程和人工智能的分支领域，与计算机和人类语言之间的交互相关，NLP 研究如何对计算机进行编程以处理和分析大量的自然语言数据。机器解读人类语句中可能符合数据集中某一特征的重要元素，并返回答案。NLP 可用于解读自由文本并使之变得通顺。

15．机器人流程自动化

机器人流程自动化是指使用机器人的软件平台以人类的方式来操作现有的应用程序软件处理事项。RPA 工具旨在将利用规则处理结构化数据的任务自动化，从而得出唯一正确的答案，找到确定性结果。

16．社交网络

社交网络是使用基于互联网的社交媒体网站来与朋友、家人、同事、用户或用户保持联系。社交网络可以通过 Facebook、Twitter、Linkedin、Instagram 等网站实现社交目的或者商业目的。通常社交网络通过社交媒体网站与个人建立联系来扩大个人业务或社交联系范围。

自动化、人工智能和数据分析的强大新兴技术有望为企业带来洞察力和效率的大幅提升，同时降低成本并提高质量。技术对于所有业务支持职能的转型都是至关重要的。随着云计算、大数据、人工智能和机器人流程自动化在内的新一代技术工具、资源和平台的出现，如今的转型必定会涉及更广的范围，实现更大的绩效提升和前所未有的收益。

2.5　小结

技术和职能流程的自动化借助减少重复性任务执行所需的时间来提高生产力。自动化同时能够减少缺陷和故障发生率，在节省成本的同时强化了职能流程的有效性。同时，数字技术还能够帮助组织或企业做出更好的分析和决策，而自动化流程可以利用数据分析来做出快速可靠的决策，并生成高质量的报告。

共享服务方法论主要用于提升组织或企业业务支持职能的绩效水平。有效的共享服务组织能够覆盖全球、弹性扩展并且聚焦在不同的服务区域。这些组织为内部用户提供服务并呈现其价值。由于共享服务组织致力于向各业务单元用户不断增加其服务的价值，所以成功的组织不会将员工培训视为可以自行决定的工作，相反，他们将培训和发展视为一项投资。解决问题的能力对于为内部用户提供更好的服务至关重要。共享服务组织在离岸服务之外更要考虑自动化应用。企业一直致力于将事务处理活动转移到低成本地区以利用人工成本的价格差异，从而降低成本。这些措施旨在提高组织能力、推动流程改进、降低成本并有效执行业务策略。这类企业中有部分企业已经实施了机器人流程自动化技术，从而将固定的、重复的、基于规则的活动自动化。RPA 使共享服务的企业能够在提高生产力的同时降低成本，其收益远超过人工成本价格差异带来的收益。共享服务组织因而成为一项战略价值主张，并且具有提高质量和降低成本的优势与潜力。数字化环境中共享服务组织需要重点关注的领域如图 2.4 所示。

另外，共享服务如果得以合理地实施、监控和度量，则可以使企业或组织内部的职责和问责制更加清晰。企业或组织也应当慎重考虑采取合适的企业文化、变更管理和培训计划，以便从共享服务转型中真正获益。在实施共享服务转型后，应制订控制与跟踪监控计划，以确保持续进行有效性验证并使结果预期不断提升。

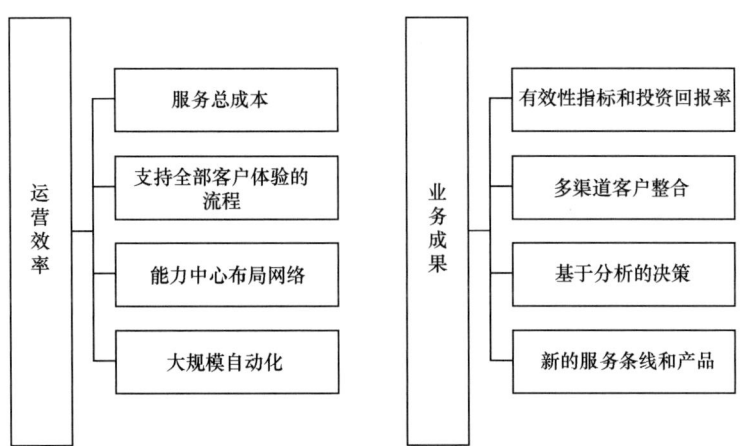

图 2.4　数字化环境中共享服务组织需要重点关注的领域

第 3 章

业务流程管理

组织或企业的高效运作依赖规范的流程，无论是面向用户和市场的营销、销售、生产、采购、供应链、用户服务流程，还是内部管理与职能运营的财务、人力资源、IT 流程，都是企业的业务流程。业务流程管理是组织用来管理其关键运营流程，从而提高组织效率和业务有效性的基本方法。本章将介绍 BPM 的概念、业务流程自动化（Business Process Automation，BPA）及数字流程自动化（Digital Process Automation，DPA），并讨论 BPM 与一些相关工具和技术之间的差异。

3.1 什么是业务流程

业务流程可以定义为由一组需要利益相关方执行的、将流程输入转换为输出，以实现统一而具体的组织目标的一系列活动。业务流程由一系列具有指定责任的指令以流程图的形式构成和呈现，也可以体现为某一程序中的一系列指令。

业务流程是组织或企业有效运行的基础。它定义了某些任务的执行方式，以及由于业务不断变化，这些任务如何应对内部和外部压力，从而确保资源得到最佳利用。"解决方案评论"（Solutions Review）认为"改进业务流程对于业务增长至关重要"（"解决方案评论"英文为 Solutions Review，是 Gartner 公司旗下一个专门从事技术新闻集合的网络平台，汇集了领先技术类别中的最佳实践案例。Solutions Review 的使命是将企业技术的购买者与最佳解决方案的销售者联系起来。自 2012 年上线以来，Solutions Review 已经推出了数十个技术买家指南网站，范围从网络安全到无线 802.11，以及移动管理、商业智能和数据分析、数据集成、企业云、人力资源、营销自动化和用户关系管理等）。

业务流程是应用业务流程管理、流程自动化和数字流程自动化等提高组织整体效率和有效性技术的基本要素。业务目标、利益相关方和业务步骤的相互关系如图 3.1 所示。

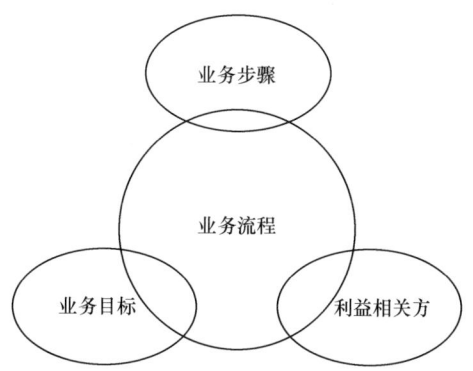

图 3.1　业务目标、利益相关方和业务步骤的相互关系

组织制订具有明确定义的业务流程的一些关键原因包括：能够确定哪些任务对组织的业务目标更为重要；能够精简流程以提高效率；促使人员 / 职能 / 部门之间加强沟通以完成特定任务；能够设置审批层次以确保问责制并以最佳方式利用资源；能够将与流程相关的程序标准化。

理想的业务流程必然是规范、标准、清晰、灵活且有明确的边界和相关约束的，这意味着它具有合理定义的起点（输入）、终点（输出）和明确的责任，同时可以重复运行并且将输出结果的差异最小化，从而为组织创造价值。

3.2　什么是业务流程管理

业务流程管理是一种用于记录、管理、分析和改进组织业务流程的方法，以实现更有效的、更标准化的、可以在整个组织中进行协作共享的工作方式。BPM 通过推动卓越运营和业务敏捷性来提高组织绩效。BPM 帮助企业创建、编辑和分析构成其业务核心的可预测流程。企业使用 BPM 可以回溯整体流程或分门别类审查业务流程，并分析业务流程的当前状态，以确定其具体的改进领域，从而提高整体的效率。

BPM工具是可用于实现业务流程优化的系统方法，可将原有业务流程系统梳理建模、规范化和自动化，从而将业务工作流程自动化，其目的是通过自动化手段最大限度地避免低效率、人为错误和沟通不畅等问题，以此来提高企业的运行效率与业务管理绩效水平。未经管理或不能有效管理的流程将会在业务流程执行中浪费过多的时间，使影响流程输出的错误数量增加及缺乏员工相关数据的可见性，所有这些都会导致企业业务绩效欠佳。

典型的BPM生命周期包括5个步骤：①细化到可执行任务的流程设计；②在合适的软件中进行过程建模；③执行流程或将流程置于合适的系统之内；④监控和分析流程绩效的统计数据/指标以发现持续改进的机会；⑤据此分析提高流程的效率和质量，以实现预期结果。

了解组织或企业应在何种程度上管理业务流程至关重要。识别流程中对流程结果和质量至关重要的活动，这些活动的容差是成功结果的关键。过于规范或限制对流程结果并不重要的活动执行方式，可能会浪费时间、金钱，并使员工的积极性降低。

3.3 业务流程管理的益处

BPM如果实施得当，可以有效提高组织或企业的运营效率。BPM支持流程优化和自动化，改善流程的效率和效果，提高运营质量并减少资源浪费。

BPM能够支持企业内员工之间和部门之间的业务知识转移，运用流程映射等清晰、有效且规范的流程记录方法，通过一个集中的中央电子存储库来存储重要的运营信息和相关文档，确保关键业务知识保留在企业内部，以便员工可以轻松访问并使用。

BPM 提供了持续改进的框架，有利于企业内的变革管理。持续改进是一种需要长期执行的方法，即随着时间的推移逐渐进行微小的改进，而不是一次性做出颠覆式的巨大改变。BPM 让企业分析自身的业务流程，并基于数据提供的证据进行小规模改进。

由于这些系统能够洞察业务内容和业务模式，所以 BPM 还支持企业资源计划或客户关系管理（Customer Relationship Management，CRM）等其他 IT 系统的使用。拥有对业务的洞察力和清晰理解业务至关重要，因为只有这样才能正确评估改进所带来的影响，并有效管理已识别的风险。

另外，BPM 可打破企业内的壁垒，从而消除企业内彼此隔绝的工作模式。在许多企业中，核心部门彼此独立运作，尤其当存在多个流程且涉及多个不同部门的协作时，这种工作模式会导致很大的问题。BPM 可让业务流程在整个企业中得到清晰的展现，从而促使员工进行参与、协作、流程分析、创新和改进。

许多企业面临的一个共同挑战是业务流程没有标准化，工作效率低，导致对时间和金钱的浪费，因而当企业采用 BPM 方法时，应当首先解决工作效率低的问题。

3.4　了解工作流程管理和业务流程管理的区别

工作流程管理和业务流程管理是现代商业中的两个重要的术语，但是有些企业员工并不了解它们之间的区别。根据"解决方案评论"（Solutions Review）的说法，尽管工作流程管理和 BPM 都强调简化业务流程和管理工作流程，但它们的实现方式有所不同。

工作流程管理侧重于人员和指令，对在执行重复性任务和程序的员工之间进行协调与协作，从而提高工作流程的有效性并缩短执行周期，工作流程执行的是明确的、规范的、标准的甚至是固定的作业流程。

BPM 可协调整个企业，着重于流程改进以提高效率。它不仅通过工作流程管理实现业务流程自动化，还关注着每个流程的持续改进，因此可以简单地概括为 BPM 更强调业务创新和持续进化的属性，而工作流程管理则聚焦于业务执行和流程驱动的业务操作属性。

与 BPM 系统相比，工作流程管理系统更容易设置，配置所需的时间更少，而且升级成本要低得多。BPM 系统可能比工作流程管理更适合希望协调跨部门交互并实施持续改进和变更流程的大型企业。BPM 系统支持 ERP、CRM、企业内容管理（Enterprise Content Management，ECM）和其他应用程序等不同平台之间的集成。

3.5　了解机器人流程自动化和业务流程管理的区别

当今数字时代，企业面临数字化运营和日常运营完全自动化的挑战与机遇，机器人流程自动化和 BPM 是如何辅助实现更大范围的数字流程自动化战略呢？

RPA 以 BPM 作为坚实的基础，为企业提供解决方案，处理往往与既有或遗留软件系统相关的诸如效率低等多种问题。RPA 专注于流程初始阶段严谨的、基于规则的、体量大且高度重复的事务性任务的自动化，是一个系统到系统的接口。根据 Forrester 咨询公司的研究，RPA 表现出令人震惊的市场增速，预计到 2022 年，RPA 全球市场规模将达到 43.08 亿美元。

与人类相比，RPA 能够以更快的速度和更低的价格、更高质量地完成任务。然而，时至今日，是选择在 BPM 中加大人员的投入，还是在 BPM 中加快技术替代，二者之间的平衡依然是支持企业运营的根本问题。与 RPA 技术特性及其应用范围本身的能力限制等特征相比，BPM 所关注的范围更广。它是一种将本质上不尽相同的端到端业务流程系统分析、结构化优化和逐步自动化的整体方法。BPM 将控制权从 IT 部门转移到业务用户，从而在企业的业务级别构建规则。BPM 的功能要远远强于一个自动化工作流程。

RPA 和 BPM 对于提供流程相关的解决方案至关重要，在企业的数字化转型中同样不可或缺。根据"解决方案评论"（Solutions Review）的研究，企业在了解这两种技术的相互作用后，不需要通过昂贵且耗时的项目，便可在综合自动化战略中使用 RPA 和 BPM 来构建现代业务应用程序。如果流程需要完全变革，则可能需要 BPM 系统，而 RPA 可以用于表面或浅层次的修复或改进，并且在评估其他解决方案以进行更深层次修复的同时维持运营，从而避免流程的长时间中断。

BPM 系统最初用于提高运营效率和降低成本，而现在则被用作现代应用程序开发平台，为企业创造更多的利润。当 BPM 和 RPA 解决方案有效地融入企业战略时，业务将会实现增长。

3.6　什么是业务流程自动化和数字流程自动化

业务流程自动化使用自动化技术来执行重复性任务或流程，从而取代人工劳作以简化流程、提高生产力、降低成本。BPA 不应与业务流程管理混淆，后者是一个更广的领域。BPM 会使用不同的方法来完成企业内的复杂流程管理。

最适合自动化的业务流程包括具有大量重复性任务、需要多名员工来执行，以及对时间敏感或对其他流程有关键影响的，或是需要考虑合规性和审计记录的流程。由于减少了人工干预，BPA 具有处理周期更短、成本降低、人为错误减少、流程输出质量提升等优势，BPA 不仅带来了更高的业务效率，还促使企业将有限的劳动力重新安排到更重要的核心任务、资源培训及提高用户满意度等方面的工作中。

BPA 解决方案供应商 Kissflow 在 2018 年对美国 280 多家公司进行的一项调查显示，62% 的受访者反映 3 个及 3 个以上流程效率低下的问题均可以通过自动化加以改善。调查发现，管理者平均每星期至少需要花费 8 个小时的时间来执行数据分析或报表加工任务，其中 25% 的管理者称每周在这些任务上花费高达 20 个小时。从企业管理和运营的有效性与价值角度来看，管理者显然不应该在这些任务上浪费太多时间。

BPA 平台是一种用自动化流程取代重复性人工流程的系统。BPA 平台应该可以轻松地根据企业的业务流程进行定制，允许用户在许多领域实现任务和活动的自动化，并集成其他兼容的业务系统，以提高业务灵活性和易用性。

BPA 还能够促进数字流程自动化。企业对增强用户体验和提高自动化流程进度的需求日益增加，因而推动了 DPA 的发展和改进。DPA 基于已经进行数字化且可以进行优化的业务流程，通过实现业务流程的自动化提高整体业务的效率和有效性。DPA 的关键原则包括在多个流程中保持透明度、使流程中的任务自动化、根据流程要求触发通知和提醒，以及营造轻松协作的氛围等。

理想的 DPA 软件包含一定程度的智能自动化，可提供低代码工作流程和应用程序开发功能，并且是无须任何技术专业知识即可使用的直观可视化界面。

3.7 什么是业务流程管理系统

业务流程管理系统（Business Process Management，System，BPMS）可

利用详细分析和自动化协助改进业务流程。在 BP Logix 公司和 Kissflow 公司两家 BPMS 供应商看来，BPMS 的使用让企业能够有效地建模、创建、编辑和运行其内部的业务流程，并收集和分析数据，从而最大限度地优化流程效率、提高生产力并促进流程的持续改进。（BP Logix 成立于 1995 年，总部位于加利福尼亚州圣地亚哥，是一家提供流程自动化解决方案的公司；Kissflow 是一家快速成长的公司，主要为用户提供工作流程管理、数字化办公、低代码开发平台和采购云解决方案，在美国和印度均有办事处。）

在如今竞争异常激烈的商业环境中，企业需要尽可能高效才能保持蓬勃发展，而使用传统的人工流程早已无法满足企业快速发展和不断创新的需求。实施 BPM 解决方案可以为企业带来许多益处，包括业务流程优化和持续改进以实现运营智能化的提升、组织敏捷度的提升、快速适应不断变化的需求和环境能力的提升，以及员工敬业度和协作能力的提升等，从而实现企业整体的效率和业务有效性的提升。

BPM 解决方案通过将日常工作任务自动化来提高员工的工作效率，不再局限于发票处理等乏味、繁多且重复的任务。这一方案的实施还能够提高企业的敏捷性及其快速响应挑战和机遇的能力，从而提高企业的整体有效性并促进业务增长。

Kissflow 公司指出，BPMS 可以跨越不同的部门和区域来定义及实施由标准软件支持的业务流程管理方法，监控和维护流程以确保获得最佳效率，并且使现有流程随着企业的发展而不断改变。

Kissflow 公司的研究表明，业务流程管理系统最重要的十大功能如图 3.2 所示。

BP Logix 公司研究显示，多家企业反映在实施 BPMS 后，数据输入任务减少了 75%，而决策速度提高了 50%。BPMS 可以通过分析、设计、实施、控制和持续改进其业务流程，进一步帮助组织或企业实现绩效提升并获得竞争优势。它还协助管理者衡量、响应及控制所有运营流程，从而可提升是否应用其他 IT 解决方案等方面的决策能力。

图 3.2　业务流程管理系统最重要的十大功能

另一家 BPM 解决方案供应商 Triaster（Triaster 是一家成立于 1994 年，总部位于伦敦，专注于流程改进的软件公司）在最近的一项用户调查中发现，在应用 BPM 软件的过程中，用户最常使用 3 个关键软件功能如下：46% 的用户使用 BPM 软件进行业务流程分析；44% 的用户使用 BPM 软件进行分析和报告；33% 的用户使用 BPM 软件进行内容管理。

一个合格的 BPM 软件应该提供至少 4 项基本功能，提供可视化流程设计工具及"拖拽式"表单设计工具，以方便企业用户使用，还提供基于角色的访问控制，以确保敏感商业信息的安全存储，为安卓和苹果系统提供移动支持。BPM 系统的其他推荐功能包括单点登录功能、与其他系统集成的能力，以及强大的报告和分析功能。

如果得以正确实施，BPMS 几乎没有什么缺陷。根据 Software Advice（Software Advice 是 Gartner 公司旗下的一家专门提供软件选型在线指导的公司，通过提供免费的顾问服务为用户提供量身定做的个性化软件推荐，帮助各种规模的公司找到满足其业务需求的产品）的用户调查，尽管大多数 BPM 软件用户表示对当前的软件"十分"或"非常"满意，但依然有人提出 BPM

软件没有直观的界面，以及存在软件集成 / 数据迁移和移动端无法访问等问题。在对 Triaster 的用户进行的一项快速调查中，76% 的受访者是年营业额在 5000 万美元或以下的小型企业，其反映的问题集中体现在以下几个方面。

一是如何在诸如呼叫中心等快速人员变动的领域进行新员工培训。

二是企业缺乏记录当前业务流程的平台。

三是企业缺乏判断改进机会的基准或对标值。

四是企业缺乏支持核心 ERP 实施的关键流程的标准化。

五是无法在任意可搜索的位置显示内容或者无法支持模糊组合搜索。

六是无法满足企业或组织日益增长的治理、合规、质量和持续改进需求。

实施基本 BPM 系统时面临的其他问题包括员工对现有业务流程的掌握不足、员工不遵循规范流程或根本不使用系统及利益相关方对业务改进的支持有限。尽管大多数 BPM 软件用户计划继续对这些系统进行投资，但 25% 的小型企业（年营业额低于 5000 万美元）计划投资 ERP 软件。其他较大的企业正在寻求更智能的 BPMS 解决方案来满足其业务需求。

企业必须明确定义 BPMS 的体系化实施所要实现的目标，才能更好地支持其业务改进计划。BPMS 的体系化实施只有在高层管理者（或企业的利益相关方）预先参与且全力支持项目，同时企业中的全体员工均一致使用该系统时才会成功。

3.8　如何实施 BPMS

无论 BPMS 是否智能，如果要使实施系统的产出最大化，则需要一种结构

化的方法。

Gartner 公司的研究表明，可用于实施 BPMS 的方法包括以下 5 个步骤。

第一步：制订战略和计划。 结合商业案例制订商业策划报告并提交高层管理者批准，商业策划报告包括项目范围、与业务目标相符的预期结果，包括战略 IT 技术和其他业务计划、资源要求、预期成本、时间表、沟通和变革管理计划、业务风险和应对计划等。一旦商业案例和预算获得批准，应起草项目章程，以使项目团队成员、执行发起人和与项目愿景相关的其他人达成一致目标。

第二步：建立治理体系。 应该设定用于决策、分配决策权、做出决策及向项目团队提供反馈和支持的最佳流程。还应设定反馈机制，例如，建立由高级利益相关方组成的治理委员会，并设立治理委员会定期会议，以报告项目进展和问题。

第三步：推动变革管理。 企业应在项目中尽早开始执行沟通和变革管理计划，以获得利益相关方对项目本身，以及可能发生或即将发生的由此引发的组织变革的大力支持。最佳实践是在沟通和变革管理计划中确定利益相关方群体，按资历、职能或其他方式分类的特定利益相关方群体需要不同的沟通和变革管理方法。

第四步：执行。 项目计划应该对 BPMS 的实施工作进行密切指导。应根据不断变化的业务需求或项目执行中不可预见的问题，按需要修改项目计划（需要必要的批准）。

第五步：评价和改进。 企业需要评价项目的实施在何种程度上带来商业案例中所描述的预期收益，并确定改进机会。企业应通过流程变革和其他必要的升级来实现项目的改进。

Gartner 公司所述的这种 BPMS 实施方法类似于六西格玛项目方法论 DMADV：定义（Define）、测量（Measure）、分析（Analyze）、设计（Design）和验证（Verify），以及 DMAIC：定义（Define）、测量（Measure）、分析（Analyze）、改进（Improve）和控制（Control）。

Kissflow 公司发布了一些通用的 BPM 最佳实践。这些实践包括在建模或重新设计流程以提高效率并减少组织困难时，组织应该从现实出发而非过于乐观；分解流程，以便识别适合自动化的各个流程步骤，从而大幅提高效率；预先建立和监控适当的关键绩效指标（Key Performance Indicator，KPI），以便衡量投资回报；在流程建模阶段，根据从用户那里获得的经验，纳入能够提高用户满意度的流程因素；任命一名 BPMS 实施项目负责人，使其积极支持项目的成功实施并减少组织对变革的抵制；使项目团队专业地运用支持数据、演示和模型来表述想法、业务案例和项目进展，以提高组织内的认同；同时，确保所选择的 BPM 工具与组织当前和未来的需求、技术和组织能力及预算最为匹配。

"解决方案评论"（Solutions Review）指出，要重视对终端用户的培训，这样他们才能在实施的第一天就做好准备使用 BPMS 的新业务流程。培训的质量和时间安排至关重要，最佳实践是让终端用户从头到尾参与 BPM 实施项目，在此过程中对他们进行有关软件特定功能和使用这些功能的最佳方法的培训。员工参与可以促进企业形成持续学习的文化并提高员工的积极性，还有助于更快地实施 BPM 项目，同时减少实施过程中出现的问题。

在实施 BPMS 时，其他的一些最佳实践同样值得关注。应预先指定一名优秀的项目经理，并与项目决策委员会和项目治理委员会建立良好的工作关系。应确定团队成员所需的岗位技能，以及每个人参与本项目所需的时间与精力投入要求。同时，还应将关键的最终用户和关键影响人员按需加入项目团队。这样做不仅是为了打造团队的技术支持和持续运营实力，还是为了了解 BPMS 软件的功能及如何更好地推进项目实施落地和正确高效地使用 BPMS 软件。应确认支持项目工作的相关资源的可用性，并且预见性地思考可能需要的资源再分配。组织内各级主要参与者提前并深度参与项目不仅有助于系统的技术实施，也有助于有效地沟通和推广、克服组织变革阻力，并促进项目的整体成功实施，从而实现预期的投资回报。

3.9 小结

本章阐述了业务流程、业务流程管理、业务流程自动化、业务流程管理系统等概念，并从如何实施业务流程管理系统的视角展开业务流程管理价值的论述。

业务流程管理是所有组织或企业运营的关键组成部分，需要在适合组织及其特定环境的条件下进行。业务流程管理的价值在于持续进行流程改进以提升组织或企业的运营效能。BPM 软件解决方案的实施是企业实现业务流程自动化的下一步，并且不需要纸质的流程图和说明。许多 BPM 解决方案可以满足不同的组织或企业需求，在进行选择之前，组织或企业必须基于自身的转型战略来指导它们确定其期望的关键业务成果。业务流程管理系统的重要目标在于提升组织快速响应市场的敏捷性和有效性。

第 4 章

智能业务流程管理

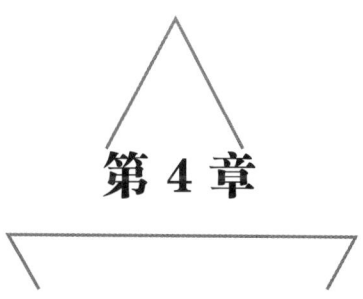

面对日益激烈的竞争格局，组织不仅面临着越来越迫切的自我重塑需求，同时也要推动外部和内部效率的提高。

多年来，业务流程管理（BPM）方法已经在各个组织或企业中长期使用。然而近年来随着供应商开发出越来越多复杂的工具和方法，并不断被各个组织或企业用在复杂多变的市场环境中，以保持竞争力，关于 BPM 系统 / 解决方案 / 软件（统称为 BPMS）是什么、为什么、怎么样的问题层出不穷并且呈指数级增长。本章将介绍智能 BPMS（iBPMS）的概念，探讨一个好的 iBPMS 应该具备哪些特征，并结合行业趋势来介绍相关的工具和技术，以及如何最佳地调整和实施 iBPMS。

4.1 什么是智能业务流程管理套件

Gartner 公司是世界上最大的研究和咨询公司，为 IT 和其他业务领导者提供与信息技术相关的洞察，它为 BPMS 创造了一个新的加强版术语 iBPMS。在缩略词"iBPMS"中，"i"代表"智能"。通过运营智能，iBPMS 使用其中可操作的实时信息来提高业务运营的敏捷性和可扩展性。拥有数字化运营能力的组织或企业可以使用 iBPMS 创新与变革其业务流程。

Gartner 公司将 iBPMS 定义为一种高生产力（低代码 / 无代码）应用程序开发平台，具有流程模拟 / 校验、验证、优化和强化人工协作等功能，例如，与社交媒体的集成、支持移动端的流程任务、流程分析和实时决策管理等。iBPMS 使运营模型和程序能够动态变化，并且记录在流程流转、业务规则、决策模型、数据模型等各种形式的模型中，从而推动业务运营的执行。在运营执行期间，用户可以在治理规则范围内频繁地更改临时流程，而不需要使用由 IT 控制的技术资产。

根据 Gartner 公司所述，iBPMS 允许组织或企业对现有业务流程的改造进行管理，以辅助数字优化和转型工作。该功能支持业务运营和流程自上而下和自下而上的重新设计，以及提高所有类型工作的业务效率，不仅仅局限于结构化和可重复的业务流程。iBPMS 能够为业务运营带来实时态势感知并创造长期价值。iBPMS 是组织数字化运营能力的基础，因为它通过将业务运营系统的几个核心组件（通常是业务运营模型、企业绩效管理和运营智能）无缝地结合在一起，协助组织业务运营创建数字孪生，从而使组织能够做出更明智的业务决策。iBPMS 具有超敏捷性，可提供实时洞察并以 DevOps[1] 的速度持续改进业务运营模型和业务流程。

DPS 杂志（一家专门提供印刷和出版行业数字化应用前沿资讯、成功实践的内容提供者）经常会搜集并发布一些令人深省的文章，介绍当下在数字印刷、出版和其他数字化转型相关领域的成功应用案例。DPS 杂志称，使用 iBPMS 对于开展全球性经营或全国性运营的企业尤其重要，iBPMS 已成为支持多种业务功能或职能、语言和业务规则的必要条件。

Gartner 公司最近的一项调查表明，在执行 BPM 项目中，80% 的组织或企业的内部回报率高于 15%。此外，预计到 2022 年，50% 的数字业务技术平台项目将通过事件驱动、iBPM 导向的框架把事件与业务成果联系起来。

真正的智能自动化战略通过 AI、RPA 和数据访问等一系列技术的组合，与既定流程融合在一起作为整体工作，形成更智能的系统和可操作的数据洞察，从而为组织创造巨大的价值。Gartner 公司在最近的一份出版物中声称，"预计到 2022 年，1/5 的从事非常规任务的员工将依赖 AI 来完成他们的工作""预计到 2023 年，采用数字化运营思维方式将协助一半以上的大型企业实现其数字化转型目标"。

自动化技术的成本正在迅速下降，而其易用性和快速交付价值的能力正在大幅

1　DevOps，Development 和 Operations 的组合词，是一组过程、方法与系统的统称，用于促进开发、技术运营和质量保障部门之间的沟通、协作和整合。

提高。自动化领域正在迅速发生变化，随着每一项技术的改进和提升，以更低的成本实现各方面工作自动化的机会越来越多。近年来，更加轻量化且性价比更高的自动化选项使一些组织或企业更容易在财力范围内实现自动化。

4.2　优秀 iBPM 解决方案的特征

Gartner 公司最近发布了 2019 年智能业务流程管理套件（iBPMS）魔力象限（Magic Quadrant，MQ）。魔力象限根据一套全面的标准对比了各种 iBPM 解决方案供应商，被认为是业内同类评估中最公正的结果之一。

Gartner 公司在其 2019 年 iBPM 魔力象限中使用的评估标准或许可以作为优秀 iBPM 解决方案的参考标准。这些评估标准可以帮助企业在选择优秀 iBPM 解决方案时更有依据、更加精准。Gartner 公司评估标准关注两大领域，即 iBPM 解决方案供应商的落地执行能力以及愿景完备性，每个领域都有对应的权重分配标准。

对于 iBPM 解决方案供应商的落地执行能力，Gartner 公司"根据质量和效率对供应商进行了评估，一方面是自身流程、系统、方法或程序所实现的具有竞争力、高效且有效的绩效质量和效率，另一方面是在 Gartner 公司的市场认知范围内对收入、用户留存和市场声誉所产生积极影响的质量和效率"。

产品或服务供应是 Gartner 公司评估 iBPM 解决方案供应商落地执行能力的第一个标准，在这个标准下，供应商核心产品和服务的能力、质量、特色、技能等都会被评估。子标准包括该解决方案允许"公民开发者"或"人人都是开发者"，即非 IT 员工和业务用户，能够在整个流程生命周期中作为合作伙伴推动频繁或临时的流程变更，着力提供实时洞察从而支持流程改进。其他的子标准与 BPMS 的智能程度有关。iBPMS 不同于其他以流程为中心的高生产力开发工具，因为它在 Gartner 公司 iBPMS 魔力象限框架下的数据及时性、情境粒度、预测能力和可操作性 4 个维度具有更高的智能关键能力。能够同时支持预置型和基于云的或二者兼有的混合实施与部署，使用云原生功能，支持自上而下和自下而上的规模化、数字化转型的能力，提供广泛的相关服务用于有效的业务流程转型。

供应商的整体可行性是 Gartner 公司评估 iBPM 解决方案供应商落地执行能力的第二个标准，该标准评估供应商的整体财务状况及其对持续供应和投资自有产品的重视程度。Gartner 公司在该领域的子标准包括 iBPMS 软件收入规模和增长、iBPMS 用户数量、用户群的增长、盈利能力和在供应商合作伙伴生态系统（解决方案、云服务或系统集成）方面的实力。

销售执行 / 定价是 Gartner 公司评估 iBPM 解决方案供应商落地执行能力的第三个标准，该标准涵盖了对供应商在售前活动中的能力和支持该活动结果的评估，包括交易管理、定价和谈判、售前支持和销售渠道的有效性等。子标准包括销售策略与用户需求的一致性、iBPMS 收入规模和增长、iBPMS 用户数量和增长、用户流失率、用户反馈，以及既往销售策略的成功执行程度。

市场响应能力是 Gartner 公司评估 iBPM 解决方案供应商落地执行能力的第四个标准，主要评估供应商应对不断变化的市场条件和取得竞争成功的能力。子标准包括供应商的产品包含多少更高级别的流程智能，业务分析师、公民开发者和专业开发人员所使用工具的适用性，以及云原生功能的采用程度。

市场执行能力是 Gartner 公司评估 iBPM 解决方案供应商落地执行能力的第五个标准，包括供应商营销其产品的能力和供应商成功影响市场、推广品牌、应对不断变化的市场条件并建立积极的用户认知的能力。子标准包括其营销信息的适当性和有效性、供应商使用各种直接和间接营销渠道的程度，以及供应商在市场上竞争交易的频率。

用户体验是 Gartner 公司评估 iBPM 解决方案供应商落地执行能力的第六个标准，包括供应商为确保用户实现其预期结果所做的规定（产品、服务或程序）、买方 / 供应商互动的质量水平、技术支持、用户支持和账户支持。子标准包括供应商对业务流程中的智能和自动化的支持水平、供应商支持用户成功实施系统的能力，以及用户满意度。

运营是 Gartner 公司在执行能力类别中评估 iBPM 解决方案供应商的第七个也是最后一个标准，涉及供应商实现其目标和承诺的程度，是根据其组织结构、技能、计划和系统的质量而对组织或企业运营状况进行的整体评估。子标准包括供应商在拥有专门的销售、营销、产品开发等人员方面的成熟度，供应商扩展规模以满足用户需求的能力，根据要求建立对所有相关人员的认证计划，并证明其有能力在保证发展的同时平衡增长和创新。

如前文所述，**愿景完备性**是 Gartner 公司在其魔力象限方法论中用于评估 iBPM 解决方案供应商的第二大领域，其中采用了 8 个维度的标准衡量：**市场洞察、营销战略、销售策略、供应（产品）策略、商业模式、垂直 / 行业策略、创新和区域策略**，每个标准都有自己的子标准。

市场洞察标准评估的是 iBPM 解决方案供应商了解用户需求并将其转化为产品和服务的能力，并以他们的愿景影响、塑造或强化市场变化的程度。子标准包括供应商如何支持业务用户、开发者和业务分析师了解智能业务运营，供应商了解用户的所需所想并通过他们的附加愿景来塑造或增强这些需求的程度，以及供应商对如何更好地利用 BPM 技术来创建可持续的流程改进和业务转型能力等各种业务用例的理解程度。

营销战略标准可用来评估 iBPM 解决方案供应商根据不同用户群体制订的营销策略，评估供应商在内部和外部进行清晰且一致市场营销传播并建立品牌认知的程度。子标准包括供应商的前瞻性方法和信息传播广度与深度等营销策略的质量、供应商熟练使用直接营销和间接营销策略的组合等各种营销策略的熟练程度，以及供应商传达智能业务流程不仅可以用于运营优化，还可以通过在规模化运营中提供定制和自动化的数字体验从而释放新价值这一理念的能力。

销售策略标准可用来评估 iBPM 解决方案供应商建立良好销售策略的程度，主要体现在使用能够扩大市场覆盖广度和用户覆盖深度的合作伙伴渠道等。子标准包括对供应商的前瞻性方法等销售策略和信息的评估，供应商使用直接营销和间接营销策略组合的程度，以及供应商使用这些销售策略来恰当地服务其目标用户的程度。

供应（产品）策略标准评估 iBPM 解决方案供应商在产品开发和交付方面为关注到能够同时满足当前和未来用户需求的市场差异化、功能和特性而采用了怎样的方法。子标准包括供应商的产品策略在何种程度上涵盖了市场上目前所有的 iBPMS 功能，供应商的产品策略在何种程度上关注了用户如何使用产品，包括业务 / 流程敏捷性、深度洞察所需的时间等，以及供应商如何同时支持预置型和基于云的实施并使用云原生功能。

商业模式标准评估 iBPM 解决方案供应商的商业价值主张的设计、业务逻辑和业务执行在何种程度上支持其持续成功。子标准包括供应商提供的 iBPMS 产品有别于其提供的其他服务的单独许可，该产品可作为公有云、私有云或预置型产品形态提供，以及供应商为系统部署提供了多少预置型和基于云的支持。

垂直 / 行业策略标准评估 iBPM 解决方案供应商为引导资源、技能和产品以满足包括垂直领域在内的各个细分市场的特定需求制订了怎样的策略。其子标准包括供应商在何种程度上钻研 iBPMS 可以提供最大价值的行业，并在这些垂直领域投资和构建解决方案资产，以及供应商在利用垂直行业专业知识扩大其解决方案合作伙伴方面做出了怎样的努力。

创新标准评估供 iBPM 解决方案供应商在广义范围内管理资源、专业知识和资本以实现投资、整合和防御或抢占先机的目的的能力。子标准包括供应商管理业务流程整个生命周期的能力，供应商提供包括决策自动化和决策管理、情境自适应业务流程在内的业务流程发现、监控和自动化功能的程度，

以及供应商以其远见在产品功能完整性和易用性之间取得平衡的程度。

区域策略标准评估 iBPM 解决方案供应商如何通过合作伙伴或子公司体系采用差异化战略来分配资源、技能和产品以满足不同地区和市场中用户的特定需求。子标准包括评估供应商在各个不同地区的销售活动中，如何进行直接销售或者间接销售策略，供应商在北美、欧洲、中东和非洲这些 iBPMS 当下最大的区域市场的市场聚焦程度，以及供应商在其他新兴市场的聚焦程度等。

任何考虑实施 iBPMS 的组织或企业都可以借鉴 Gartner 公司评估 iBPM 解决方案供应商的方法。Gartner 公司的标准同样可用于调整组织或企业需求的规模，此类企业首要考虑的是所需的大部分功能、组织的战略计划、预算（前期和经常性成本）、组织成熟度，以及变革准备情况等。因为，市场上还有许多其他类型的 BPM 产品可以解决不太全面但某一独特领域很有特色的组织或企业需求。当然，选择 iBPMS 更要考虑到组织或企业的自身发展阶段和现状，如果组织或企业的变革速度相对较慢、BPM 成熟度较低或正着眼于以文档为中心的流程自动化，那么 iBPMS 产品可能会显得过于复杂。

4.3 iBPMS 市场概况

随着业界对流程设计、执行、优化和支持数字化转型计划的需求越来越强，iBPMS 行业规模持续增长。由于 iBPMS 成为支持转型计划的主要工具，该增长预计在未来会愈发显著。组织或企业在转型过程中必须保持持续性创新，这对于用在实施满足数字原生用户需求变化的数据分析和敏捷性至关重要。

Gartner 公司的研究表明，iBPMS 市场规模估算从 2016 年的 69.6 亿美元增长到 2021 年的 135.2 亿美元，复合年增长率达到 14.2%。奥比斯研究中心（Orbis

Research）给出了类似的分析，认为 2021 年全球 iBPMS 市场规模在 130 亿～140 亿美元。

iBPMS 内置的移动、社交、云和分析等标准功能在不断发展和进化。更智能的 iBPMS 产品可以提供强大的决策管理功能。

2017 年，随着机器人流程自动化工具市场呈指数级增长，人们对业务流程自动化技术重新产生了兴趣。市场增长也受到了相关市场竞争的影响，包括基于服务的低代码 / 无代码应用平台、快速应用开发工具、基于服务的集成平台、IT 服务支持管理、内容服务平台和多体验开发平台等。这些替代工具可能无法提供与 iBPMS 一样强大的流程及决策管理或分析功能，但是它们可以基于组织或企业的需求提供足够强大的功能，并且在技能开发和软件许可方面减少投资。

当下现有的解决方案提供了多种功能，每种功能都有其优势和劣势，包括低代码、人工智能、机器学习、工作流管理和机器人流程自动化等。解决方案应与组织或企业的战略、需求，以及组织成熟度相匹配。

iBPM 系统所能提供的功能通常远超企业或组织所需，一些高级功能仅有最精通技术的用户才会涉及。这些 iBPM 系统产品并不适合小型企业，但还有其他产品可供选择。小型企业可以从不太复杂的 BPM 系统中获益，其最常见的功能包括单点登录（Single Sign On，SSO）、工作流管理，与其他企业系统的集成、报告和分析，以及流程绩效指标等。

4.4　基于云部署的 iBPMS 与本地预置型 iBPMS 的对比

选择 iBPMS 时，需要做出一个重要的决定，那就是选择云部署还是本地部署系统。

基于云部署的 iBPMS 以软件即服务（Software as a Service，SaaS）的形式提供，不需要组织或企业内的 IT 人员像实施或部署传统软件那样进行构建或部署，只需要完成日常管理与运维即可。通过云部署，组织或企业的 BPM 系统及其相关数据和信息由 iBPM 软件供应商在互联网"云"中集中管理，并确保系统即便在增强开发或升级与更新的过程中依然能够持续运行，而用户只需要通过网络浏览器访问数据和信息即可。美国媒体 Solutions Review 指出，为最大限度地实现网络性能，云计算架构是从底层开始设计的，因而基于云的 iBPMS 相比传统的本地预置型 iBPMS 能够提供更好的性能和更多的可选应用程序。此外，基于云的 iBPMS 是一种 SaaS 部署，具有可扩展性，让组织或企业能够根据自身业务需求选择它们最需要的特定产品和工具，从而根据组织或企业不断变化的需求提供持续的系统优化。基于云的 iBPMS 通常根据用户类型定价。

本地预置型 iBPMS 则需要在组织或企业自有的硬件和服务器上进行本地安装、测试、实施，而后由组织或企业的 IT 人员管理。本地预置型 iBPMS 通常需要大量的前期实施导入和持续投资以购买和管理运行它所需的必要软件和相关硬件及设施。因此，本地预置型 iBPMS 通常并不适合小型企业。小型企业通常选择基于云的解决方案，因为其初始投资较少且回报更快。

另外，一些组织或企业更倾向于本地预置型 iBPMS 以实现数据安全和有效控制（特别是考虑到监管要求），也就是在自己的数据中心安装相应的软件系统。而选择本地预置型 iBPMS 的另一个原因是在需要与本地数据进行广泛集成等情况下能够更轻松地进行用户开发。本地预置型 iBPMS 为特定行业的小企业及在多个国家开展业务的组织或企业带来了更大的便利，因为一些企业可能存在互联网带宽较低或内容审查严格的情况。本地预置型 iBPMS 有时被称为传统 BPM 解决方案，因为它们不太具备现代功能，例如缺乏移动特性支持、安全风险大、系统升级时间长，以及维护费用高等。

各种基于云和本地预置型 iBPMS 的定价可能会因用户需求、系统用户化程度和所需的后端代码等多种因素而存在很大差异。iBPM 解决方案供应商很少公开自己的定价，但一般来说，企业基于云的软件解决方案的成本大约为每个用户每月 50～100 美元。

4.5 低代码 iBPMS 的优势

低代码开发平台（Low-Code Development Platform，LCDP）是一种新兴的软件类别，它可以有效减少业务流程自动化过程的时间。这些产品以一种技术含量较低的方法来快速制作原型、执行测试并实施自动化流程应用程序。Solutions Review 指出，与强大的一体式 iBPM 工具相比，LCDP 是一种更受欢迎的工具，因为它降低了复杂性并允许更多的终端用户（而不是只有 IT 部门）参与构建应用程序。

对于希望更加敏捷并加速数字化转型的组织或企业而言，采用 LCDP 可能是加快应用程序交付速度的有效方式。行业领先的 iBPM 解决方案供应商之一的 Bpm'online[1] 表示，LCDP 的价值在于它将 IT 部门和业务 / 运营人员连接在一起，能够实现更快速、持续迭代和共同协作的开发，以及变革的快速落地实施。低代码 iBPMS 通过允许终端用户自己创建，并由 IT 部门批准的新业务应用程序，缩短了价值实现时间并加速数字化转型工作，从而显著提高 IT 部门响应业务需求的能力。

Solutions Review 称，快速简单的拖放功能以及低代码应用程序正在迅速成为新的代码编写方法，iBPM 解决方案供应商已经开始将其纳入产品中，不再需要过多的 IT 开发团队或专业开发人员投入。低代码 iBPMS 具

1　Bpm'online 是一家为流程管理和用户关系管理提供低代码开发平台的公司，该公司已于 2019 年 10 月 31 日更名为 Creation。

备易于维护、可立即获得投资回报且可以进行扩展等特征。它们易于理解和使用，可供组织或企业中的所有员工访问。与所有 SaaS 平台一样，低代码 iBPMS 可以针对任何规模的组织或企业进行定制。

据业内领先的 iBPM 解决方案供应商 Appian 公司[1] 称，编写代码的未来是实现更少的代码或无代码。在不久的将来，市场将越来越多地采用 LCDP 来加速数字解决方案的开发和创建。Appian 公司进一步指出，在不久的将来，代码将由 AI 驱动的算法生成，这些算法能够实时创建新的数字解决方案。

Solutions Review 表示，目前 LCDP 仍然不能很好地适用于所有的应用程序，因为解决问题或错误仍然需要投入数周的用户化代码开发时间。他们的观点是，LCDP 能够为寻求降低实施过程中的复杂性和成本的组织或企业提供价值，但其价值是有限的，不应被视为任务自动化的最终解决方案。

4.6　iBPM 如何改造共享服务

共享服务中心具备极大地简化和提高大型组织竞争力的潜力。利用共享服务，财务、人力资源、IT、采购和其他执行大规模事务性活动的职能部门和员工可以显著降低企业成本，并持续地为多个组织单元提供更好的服务。然而，组织或企业中的许多服务都基于流程，如何才能以最佳方式管理流程？又如何以至少合乎服务水平协议（Service Level Agreement，SLA）的方式来衡量这些流程的可见性以及用户满意度？

1　Appian 是一家提供包括低代码应用程序开发、数字流程自动化（Digital Process Automation，DPA）、智能业务流程管理系统和动态案例管理（Dynamic Case Management，DCM）等解决方案的软件公司。

根据 PNMsoft 公司[1]的观点，iBPMS 是为共享服务中心提供动力的理想引擎，因为 iBPMS 旨在以高效的方式建模、设计和实施成百上千个业务流程。选择 iBPMS 作为其共享服务战略核心要素的组织或企业表示，这一方案减少了在提高效率、降低成本和提高用户满意度方面的时间投入。

PNMsoft 公司强烈建议共享服务中心采用 iBPMS，而不是标准 BPM 解决方案。iBPMS 不仅应该具备流程管理功能，还应该实现以下要素：工作优化、低代码应用程序和快速开发、与正在使用的其他系统进行快速可靠集成、拥有卓越的用户体验和高效处理变更的能力。

PNMsoft 公司提到的特定 iBPMS 功能包括最先进的案例管理和工作优化功能，可辅助基于预测分析的智能实时工作分配。该软件的低代码功能将使组织或企业能够快速创建强大的流程应用程序，并与组织或企业正在使用的各种外部系统顺利集成。在为组织或企业不断变化的需求改进服务的过程中，能够支持快速可控的变革的架构是必不可少的元素。

PNMsoft 公司提供的一个案例是美国最大的汽车零售商 AutoNation[2]是如何在其共享服务中心使用 iBPMS 转变其业务流程的。从小范围开始，AutoNation 将修改消费者的融资和保险文书所需的时间缩短到 3 天，相较以前有了很大的提速。因此，AutoNation 每年节省了超过 50 万美元的劳动力成本。iBPMS 使 AutoNation 能够减少错误发生频率、增强流程性能的控制和可见性、节省成本、改善用户体验并缩短业务流程周期，从而使 AutoNation 在市场中更具竞争力。

据 Appian 公司称，iBPM 软件正在迅速被共享服务集团和业务流程外包（Business Process Outsourcing，BPO）公司采用，以使其产品具有差异化竞争力并提高服务水平。如今这些企业正在寻求通过使用高度灵活的系统

1　PNMsoft 是一家总部位于伦敦的全球性软件公司，主要提供 BPM 软件。
2　AutoNation 是一家总部位于美国的汽车零售商，在美国提供新车和二手车销售以及相关服务。

来提高它们的竞争地位，这些系统能够轻松调整内部流程，以满足用户快速变化的需求并支持持续改进。事实证明，企业使用 iBPM 软件会具有很大优势，因为如今业务用户有能力自己执行开发任务而不需要依赖 IT 人员，所以能够实现更短的变更周期和运营效率的提升。

Appian 公司进一步表示，iBPMS 已被应用于经典的共享服务功能，例如财务运营（订单到现金、采购到付款和记录到报告）、IT 业务流程、人力资源（例如从员工入职到退休的全过程）和采购等。BPO 组织正在使用 iBPMS 进行系统开发，因为这些功能所使用的是同一界面，从而快速接纳新用户，并通过系统的灵活性提供良好的服务并减少培训需求。PNMsoft 公司称，通过运营指标的改善可以看出，BPO 组织的 iBPMS 实施已经取得不错的效果。最为获益的是那些将 iBPMS 跨越职能界限直接进行连接的组织或企业，进而为自身创造了相当大的竞争优势。

Crawford & Company 公司 [1] 位于英国的业务部门实施的 iBPMS 涵盖索赔处理、承包商选择、会计处理、发票处理和报告自动生成等流程。这一软件系统的实施是成功的，不仅为该公司带来了效率、用户服务水平和企业竞争力的提升，还为该公司强化了获得更高利润的能力。

在中国，我们看到包括中国南方航空有限公司、华润雪花啤酒、美年健康在内的众多知名企业，基于员工体验构建了共享服务中心，采用自动化技术和工具，为员工提供机器人、高拍仪、智能自助终端、文件取件柜等智能化设备，据此优化、简化作业流程，有效提高各类证明及劳动合同的申请、打印等业务办理速度，在提升工作效率的同时，大幅提升了员工的满意度。

1　Crawford & Company 公司总部位于美国佐治亚州亚特兰大市，是向风险管理与保险行业，以及自保实体提供索赔管理解决方案的全球较大的独立供应商，其全球网络遍及 63 个国家的 700 多个地区。该公司提供全面的整合型索赔服务、业务流程外包和主要产品咨询服务。这些咨询服务包括房产与意外事故索赔管理、员工薪酬索赔和医疗管理，以及法律调解管理。

4.7　iBPM 的趋势

2019 年以来，数字化转型的关注度持续增加。企业领导者被迫不断调整、改造甚至变革组织架构，以保持企业的竞争力并提供良好的用户体验。鉴于不断加速的市场发展和不断变化的用户期望，iBPM 已经成为日常业务运营中的重要工具。为了保持竞争力，企业必须在其内部工作流程和面向用户的运营方面更加敏捷和灵活。在 iBPM 技术的支持下，企业正在寻求所需的工具以便更快地转型和创新，从而带来新的增长和竞争优势。

Bpm'online 公司指出了数字化转型必不可少的 5 个与 BPM 相关的趋势。

第一个趋势是 iBPMS 产品内部更加关注智能流程建模，使用人工智能构建包括智能流程元素和更强大的预测分析功能在内的流程。Forrester 公司表示，44% 的企业认为改进现有 iBPMS 产品和服务的能力是 AI 可以为企业带来的最大战略发展收益。《福布斯》的报告称，57% 的企业认为 AI 的益处是改善用户体验和用户支持。《哈佛商业评论》的调查显示，96% 的受访者赞同机器学习（ML）这种 AI 形式被用于自动化实时流程改进以及协助组织内的变革管理。

第二个趋势是由 AI 提供支持的智能分析，以及使用嵌入流程中的机器学习来提供更深入的洞察、检测流程瓶颈并提供自动化决策能力。智能分析能够对与 KPI 和战略目标一致的大量数据、自然语言处理（Nature Language Process，NLP）和流程分析进行监测。在毕马威"数据之上"调查中，85% 的首席财务官和首席信息官表示他们不知道如何分析已经收集到的数据。而 Forrester 公司的报告称，超过 70% 的受访高管表示，在业务决策中更好地利用和分析大数据将成为关键，并且以洞察力为驱动的企业更有可能实现同比收入增长 15% 及以上。

第三个趋势是以低代码和业务流程管理来支持持续改进的概念。希望提高敏捷性并加速战略执行的企业应该考虑采用一种 LCDP，这种方式往往是缩短应用程序交付周期、缩短价值实现时间和加速数字化转型的有效方法，能为用户提供包括用于设计的可视化模型、应用程序和流程的拖放功能等在内的直观可视化界面。低代码 BPM 平台可通过利用基于 HTML5 的用户界面（User Interface，UI）以及基于复杂场景和规则的非结构化流程管理功能来提高企业的敏捷性和创新性。

第四个趋势是支持接近实时的事件处理。实时处理和分析大规模数据的能力对于企业提高业务效率和市场竞争力而言越来越重要。因此，为顺应市场需求，多种技术被设计出来，还有更多技术正在研发中。

第五个趋势是自适应案例管理。自适应案例管理是一种能够将复杂信息自动化的方法。它不同于更结构化的 BPM 方法，而是明显更关注情境覆盖和流程处理。未来，市场将转向具有扩展功能的 iBPMS，以管理需要大量前期建模的复杂、长期运行的流程，随后将进行复合开发和持续的周期性改造。

CiS 公司的总部位于美国，是一家定制软件开发公司。CiS 公司表示，根据分析师报告，预计到 2025 年 iBPMS 市场价值将以两位数的速度增长。CiS 公司预测，人工智能和机器学习将成为主流，并进一步融入当前的 iBPMS 产品中，从而使 iBPMS 在预测分析和主动应用行为的支持下变得更加智能。该公司还预测，作为一种行政事务流程自动化技术形式的 RPA 热度将有所降低，尤其是在内部部署 iBPMS 的情况下，RPA 将作为补充但无法取代 BPM。CiS 公司还预测，BPM 尤其是本质上不可预测的流程，对无代码/低代码应用程序开发平台的需求将会增加。除了 RPA 的使用将大幅减少，这些趋势与 Bpm'online 公司所预测的趋势基本相似。

4.8　小结

智能业务流程管理是提高企业运营效率和整体业务竞争力的未来之路。由于现在有许多 iBPMS 可供组织或企业选择，组织或企业需要清楚地了解自身的战略愿景，清楚地了解对 iBPMS 的需求，以便调整所选 iBPMS 的规模并全力支持其落地实施。组织或企业必须致力于持续使用 iBPMS 来推动持续改进、提高组织效率和效能，并提升整体市场竞争力。

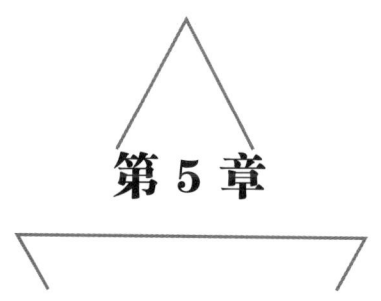

第 5 章

机器人流程自动化

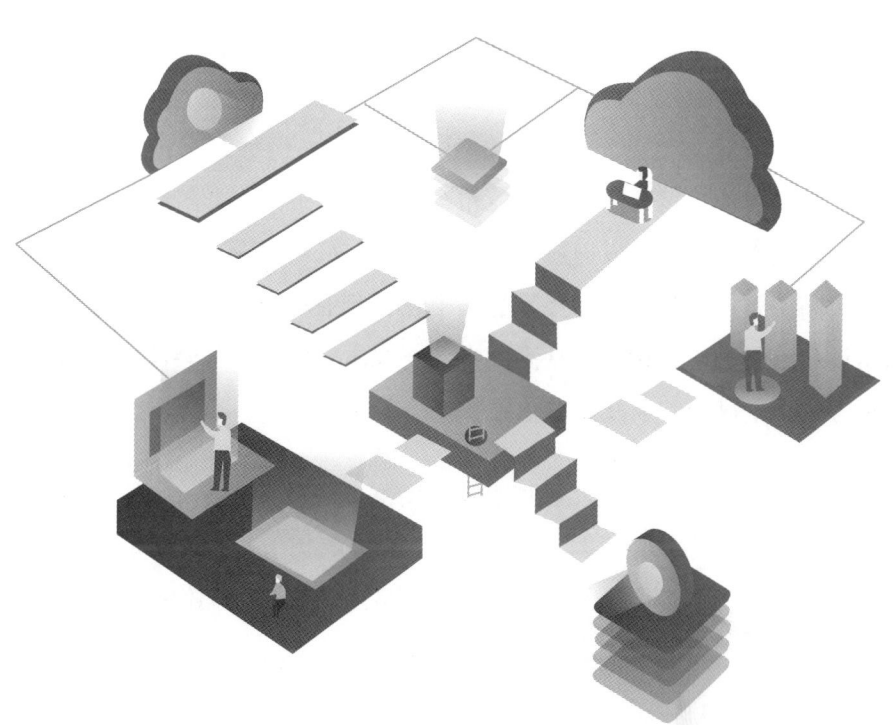

机器人流程自动化助力企业降低成本、提高流程效率等优势已经深入人心。麦肯锡曾发布一份名为《数字时代：人工智能将改变企业命运》的数据报告，该数据报告显示世界 500 强企业中超过 70% 的企业都在使用RPA，包括通用汽车、宝洁公司、花旗集团等，这些企业 80% 的业务实现了工作流程自动化。

RPA 是使用"虚拟机器人"软件平台以与人类处理交易或事务相同的方式操作现有的应用软件。想象在一个新的世界里，"工作"对于数百万人来说已经有了新的定义，我们的服务经济可以切实地专注于提供服务，由致力于服务创新的人才库进行交付。在这个新的世界中，"工作"将不再是在可重复的系统内完成乏味枯燥的事务性流程。取而代之的是，这个新的世界将帮助员工在更新的层面上重新思考端到端流程，并以同时影响质量、效率、成本效益、功能、用户满意度和合规性等多个因素为目标，创造卓越的业务支持服务。

后台职能部门是创建、管理和交付服务运营支持系统的部门。在保险和金融服务等竞争激烈的行业中，后台职能部门总是面临控制成本的压力，但成本效率必须与其他绩效要求相平衡与匹配，例如，卓越服务、业务支持、可扩展性、灵活性、安全性和合规性等。通过多年对后台职能运营的研究，我们了解到可以通过以下 6 个转型杠杆将后台职能部门由低绩效转变为高绩效：**物理设施和预算的集中化、跨业务部门的流程标准化、减少错误和浪费的流程优化、从高成本到低成本地区的工作转移、自助服务门户等的技术赋能，以及自动化服务。**

RPA 的成本相对较低，实施速度快且对职能运营流程不会过分突兀（RPA是非嵌入性应用，不会颠覆原有流程和 IT 架构）。因此，从未来发展趋势来看，自动化的应用如何或者多大程度上改变企业的价值主张，这样的思考将为未来重要技术之一的 RPA 提供借鉴。

5.1　什么是机器人流程自动化

机器人流程自动化是以机器人作为虚拟劳动力，依据预先设定的程序与现有用户系统进行交互并完成预期任务。RPA 对于高重复性、逻辑确定并且稳定性要求相对较低的流程具备显著的效率提升和成本降低的优势。本质上，RPA 就是借助一些能够自动执行的脚本完成一系列原来需要人工完成的工作，但凡具备一定脚本生成、编辑、执行能力的工具，都可以称之为"虚拟机器人"。

在企业经营管理中，RPA 可以带来流程改进机会的主要业务职能包括采购和供应链管理、销售、财务和会计、IT 和人力资源等。RPA 非常适合在遵循标准程序且偏差最小的流程中应用，借此可以有效降低错误发生率、缩短流程周期，以及提高生产率。软件机器人可以执行重复的、单调的、高频的任务，让员工能够专注于需要更高层次思维参与的活动。企业资源规划（ERP）系统或核心数据库等工具中的大批量处理功能是实施 RPA 的理想选择，需要从多个数据源收集信息的桌面应用程序和工作流程也同样适用 RPA。对于一些过于细小琐碎但又灵活多变而难以快速实施 IT 变更的任务，RPA 提供了外包和离岸的替代方案。

财务部门领导者格外偏好人员、流程和技术等转型杠杆以提升财务管理的业务效率。然而如今的解决方案免于投资昂贵的 ERP 平台，更加强调人员和流程的配比。离岸的低价资源设置可提供优质的服务，加上流程的改进就相当于显著节约了成本。到目前为止，技术组件在财务管理中的应用主要限于辅助工作流程和电子开票等的通信插件。

RPA 通过应用灵活的工具将人工活动自动化并以此提供业务运营服务，从而提高端到端流程的效率。RPA 最适用于规则驱动的、本质上重复的、数据密集型的流程。RPA 的应用可以跨越多个系统，并且包含多个决策点 / 计算规则。RPA 应用程序需要电子输入或触发器才能开始工作，但底层技

术仍在不断涌现，每种技术都会采用不同的方法。

交易流程通常归属于共享服务中心或后台职能管理的其他部分。RPA 不会取代业务流程管理（Business Process Management，BPM），而是对其进行补充。RPA 和 BPM 适用于不同类型流程的自动化。BPM 解决方案最适合 ERP 和客户关系管理（Customer Relationship Management，CRM）系统等需要在高价值 IT 投资方面拥有 IT 专业知识的流程。RPA 解决方案的显著特点在于它是为非程序员设计的，并且不会对现有系统造成干扰或冲击。这意味着可以开展自动化业务流程的门槛大大降低。对于需要业务专业知识的流程，RPA 解决方案通常由具有 IT 相关知识的业务运营人员（但不是 IT 开发人员）进行部署。由于 IT 投资成本显著降低，所以这些流程的自动化使组织在财务管理上受益。Blue Prism 公司[1] 的首席营销官帕特·盖里（Pat Geary）表示："我们不是要取代企业 IT，我们也不是要与 BPMS 竞争，而是这种往往由人来完成的冗长流程是最适合由 RPA 替代的。而被替换下来的人们可以被重新安排到更智能的决策任务中。"

数字自动化演进包括 RPA、智能自动化和认知自动化等一系列阶段。RPA 的应用可以将有许多流程的人工操作完全取代，更重要的是，RPA 能够有效消除或减少人工操作带来的主观错误。RPA 专家得出的结论是，与其削减全职员工（Full Time Employee，FTE）投入，不如将员工重新部署到不需要进行日常事务性工作的角色中，他们可以利用自己的经验和专业知识来创造更大的价值。RPA 可以减少错误、冗余和高昂的作业成本，但其重要的价值在于，共享服务组织借此可以将原来的员工重新集中在包括分析企业运营在内的任务中，从而将有效帮助企业增加业务洞察力和智能性并用于改进决策。因此，对于原来共享服务组织中的员工而言，RPA 提供了另一种更高级别的职业通道，通过提供开发全新且市场急需技能组合的机会，留住组织或企业的最佳人才。

1　Blue Prism 公司于 2001 年成立，专注于机器人流程自动化，也是 RPA 领域第一家上市公司。

5.2　软件机器人

软件机器人是 RPA 技术的基本元素之一，可以通过部署软件机器人来自动执行共享服务等组织中跨多个职能部门的、可重复的、单调但基于明确规则的工作流程任务。RPA 听起来可能具有一定的误导性，因为在办公室中徘徊的实体机器人并不涉及执行人工任务。实际上，RPA 是一种可以放置在服务器或云中的软件解决方案。RPA 软件程序在许多情况下比人工操作更快捷、更精确。软件机器人具有超人的耐力，可提供全年无休的生产力，因此不存在轮班交接的情况。

软件机器人或"机器人"可用来捕获和解释现有应用程序如何在多个 IT 系统之间进行事务处理、数据操作和通信协作。

大量使用的软件机器人可以作为虚拟劳动力在后台处理中心工作，而无须人力资源干预或大量的人力资源投入。软件机器人承担着普通员工相似的流程工作并且可以同时处理多个流程，就像共享服务部门的员工可以同时学习处理应付账款流程，以及差旅和费用流程一样。与人类团队一样，机器人使用"虚拟机"和专属登录，与不同的应用程序和系统进行交互。

软件机器人可以快速扩展以应对季节性或突发性的工作量增长。它们正在从根本上重塑信息技术外包（Information Technology Outsourcing，ITO）和业务流程外包（BPO）领域，而现在似乎正是共享服务组织采用软件机器人的最佳时机。流程标准化、服务质量提高和成本降低是共享服务流程自动化的重要成果和目标。然而一些组织或企业仍然认为，如果想要进一步将流程自动化，它们应使用 ERP 或其他企业管理系统而不是软件机器人。它们认为 RPA 不是所有需求的解决方案，而 ERP 和 BPM 才是流程自动化的有效方法。

使用软件机器人进行自动化的示例见表 5.1。

表 5.1　使用软件机器人进行自动化的示例

财务管理职能	人力资源管理职能	IT 管理职能
应付账款	工资核算	票据管理
订单—收款	雇佣—退休流程	数据库管理
采购—付款	社保处理	客服管理
总账	招聘外呼	故障处理
财务分析	报税服务	
财务报告		

总之，软件机器人的主要优点包括提高事务处理效率、消除潜在的人为错误、将有限的全职员工资源用于更多增值活动、提高用户满意度、减少全职员工投入、改进用户服务、提高服务质量，以及提高业务敏捷性，从而在组织或企业的业务高峰期处理更多的工作。

5.3　IT 在 RPA 实施中的角色

虽然 RPA 会对共享服务带来很多益处，但是使用软件机器人进行流程自动化并不简单，需要企业的 IT 团队高度支持，与其他部门深度协作。

对于许多考虑使用机器人流程自动化的企业来说，对安全的担忧往往会阻碍行动计划的推行。虽然 RPA 是最受欢迎的服务推动者之一，但人们往往对于在企业系统中放置大量机器人的想法存在诸多顾虑，有时甚至会有莫名的恐惧（包括对替代自身工作的恐惧）。虽然 RPA 经常被提到的"好处"是企业本身可以在几乎不需要 IT 投入的情况下实施机器人解决方案，但事实是，企业需要 IT 团队深度参与设计和部署，这在出现问题需要维护或更新的时候显得尤其重要。尽管还存在这些担忧，但 RPA 市场正在持续增长。虽然短期内可能会带来成本收益，但从长远来看，组织或企业很有可能会在风险和规模方面为此付出代价。

5.4　实施 RPA 的益处

通过将目前由人类执行的重复性任务自动化，RPA 使许多服务成本得到大幅降低。RPA 为企业带来的好处包括快速的投资回报、灵活性、安全性。RPA 解决方案的潜在应用包括传统的劳动密集型领域，例如，服务台和用户服务中心，以及更广泛的 IT 运营功能，例如，网络、存储、服务器和应用程序管理、数据库管理、虚拟机配置、流程编排和电话会议等。服务交付模式选项包括直接与许可智能软件的软件供应商合作，或与提供本土解决方案的供应商合作。

机器人工具快速、简单且成本较低，一般仅需 6 ～ 8 周的开发时间即可完成，因而能够快速实现投资回报。咨询公司 Everest Group 的报告显示，RPA 可以使成本降低 65%。RPA 在事务级别的数据记录能力也有利于持续做出快速、准确和可预测的决策。根据项目要求，机器人工具可以在"批处理模式"下开发，以完成端到端流程，或者在人为干预的情况下以"辅助模式"进行开发。RPA 可以在展现层与多个应用程序集成，确保用户端的应用程序不会被软件机器人修改。它也不存在未经授权的数据访问风险，因为业务功能使用了已经可用的底层应用程序，会自动获得访问授权。

RPA 不是暂时的趋势，它是支持流程自动化的技术演进。RPA 的巨大潜在优势之一是它提供了一种经济实惠、相对易于实施且具有成本效益的解决方案。RPA 的优势如图 5.1 所示。

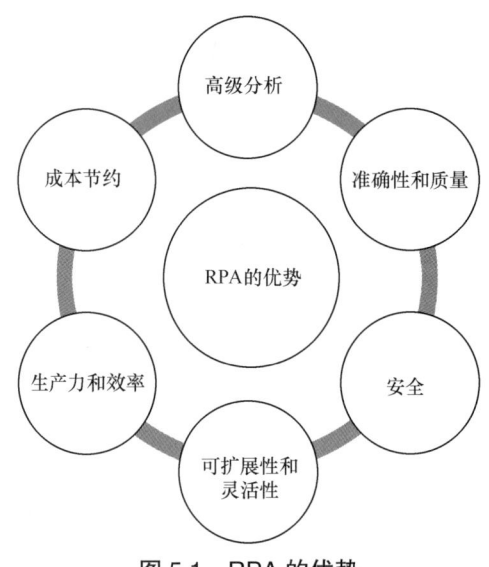

图 5.1　RPA 的优势

RPA 和软件机器人的主要优势包括可以提高事务操作效率、消除潜在人为错误、将全职员工用于更多增值活动、提高用户满意度、减少全职员工数量、改善用户服务、提高服务质量和业务敏捷性，从而在业务高峰期处理更多的工作。RPA 带来的好处详述如下。

- **减少人工参与**。RPA 可以帮助组织或企业有效管理时间并优先处理更重要的任务。

- **不间断工作**。机器人可以全天候执行任务。

- **人力资源的最佳利用**。RPA 的实施有助于优化员工协作和管理时间的方式。更重要的是，因为机器人可以处理大部分日常任务，组织或企业无须因规模扩大而进行人员招聘。

- **准确性**。RPA 的错误率接近于零，这是与人工完成财务操作的巨大差异。

- **操作速度**。与人类相比，机器人执行程序代码的速度要快得多。

- **系统不可知性。**RPA 不依赖具体的操作系统，而依赖应用程序本身。软件机器人可作为跨平台应用程序在用户界面运行或在云端工作。

- **成本效益。**企业拥有大量虚拟员工将会降低运营成本，但更重要的是会提高投资回报率（Return On Investment，ROI）。

- **数据质量改进。**在执行业务流程和从各种系统获取数据时，出现错误或以不同的方式进行构建都会影响数据的质量，进而使下一步分析更加困难，但机器人不容易出错。

- **快速实施。**在大多数情况下，机器人不是侵入式系统，因此不需要与 ERP 或 CRM 等现有系统进行集成。

- **可扩展性。**机器人可以被便捷地增加或删除，因而企业可以根据自身需求扩展劳动力。RPA 既适用于小型企业，也适用于大型企业。

- **易于使用。**一些供应商提供免费机器人，可以像其他软件程序一样进行配置和安装，不需要代码即可进行配置。

- **广泛的使用范围。**由于 RPA 机器人可以读取指令，所以我们可以创建具有行业相关标准默认例行任务包的机器人。这使 RPA 非常通用，可以应用于几乎所有常规流程的自动化。

很明显，RPA 的优势超越了其局限性。然而，对人机交互的依赖仍然是一个问题，这个问题或许能够在人工智能的帮助下得以解决。为了从实施 RPA 中获得最大收益，组织或企业应该从任务量较大的职能开始，然后将可重复的流程集中化和标准化。运行试点可对即时价值进行优化并对未来价值进行优化。组织或企业应绘制责任关系图来明确业务单元和 IT 在 RPA 实施过程中的角色和职责，使业务流程归流程所有者所有，而相关技术问题则由 IT 解决。

5.5 机器人流程自动化面临的挑战

在组织或企业中实施 RPA 是一项非常特殊和关键的任务，它需要参与流程自动化的所有层级的员工进行良好的协同，并且需要强有力的领导者带领团队完成自动化过程。团队之间的协调不仅有助于最准确地完成任务，而且还有助于企业创建一个与 RPA 共同协作而不是与之对抗的体系。IT 团队参与构建架构将最大限度地降低风险因素并确保安全级别。在实施机器人流程自动化时，每家企业都面临并需要克服一些挑战。其主要挑战如下。

1．职责分工不明确

机器人流程自动化涉及众多职能和职责，例如，IT、职能部门和业务部门之间的职责等。此外，每个正在进行自动化的流程都涉及流程所有权责任。

2．员工抵制

员工抵制这一挑战是真实存在的，因而企业需要引导员工学习新技能，进行频繁沟通并使之对流程有清晰的理解。

3．基础设施问题

RPA 实施的最大挑战之一是在期望地点部署所需要的基础设施。

4．业务案例问题

RPA 的部署和实施会在多个层面影响流程。流程跨越组织边界，业务案例中做出的假设可能无法解决不同级别、不同企业的问题。由于 RPA 解决方案的实施需要付出巨大努力和专门培训来实现流程自动化，因此，应考虑经济效益。

5．不切实际的期望

对 RPA 的热情可能会导致业务领导者不切实际地相信几乎所有的事情都可以成功实现自动化。为了避免此类想法的滋生，最佳做法是在阐明成功标准时要适当保守或降低期望值，在定义业务成果时要切合实际。组织或企业应关注大规模、低复杂性的任务，机器人只有在这方面才能立即产生效果。

6．所有权

所有权是指谁拥有 RPA 解决方案，它是由 IT 团队还是业务团队领导。业务团队需要提供需求，确认解决方案设计的可行性，在用户验收测试中提供帮助并衡量成功率。IT 团队的角色有限，主要受限于在基础设施需求和测试数据创建方面提供支持。所有权还包括相应的所有责任，例如，决策过程需要更清晰、更敏锐，每个团队都必须有一个领导者，而该领导者具有了解所有过程所需的知识等。

7．有限应用

有一些文件可能需要手写等特殊处理。如果完整的端到端自动化在合理的时间范围内不可用或无法实现，则可以考虑基于成本和收益分析最大化地实现部分流程的自动化。例如，考虑到不同年龄群体的人使用电子签名的接受程度和习惯，仍然保留签字确认的书面操作，而不是把所有流程均自动化。

8．短期解决方案

RPA 具有立竿见影的效果和益处，但从长远来看，它需要复杂的平台以及频繁的工作流程审查和优化。

在实施完成并且所有流程成功实现自动化后，RPA 在运营过程中面临的挑战或困难如下。

- 将简单的业务流程自动化很容易，但是复杂的业务流程需要对流程的复杂性有更深入的了解并经历测试和返工的过程。缺乏对软件机器人工作所在流程的实时可见性将会导致采用 RPA 失败。大部分情况下，采用 RPA 失败是由于软件机器人的预期结果与实际运行之间存在差距。

- 考虑到变更管理成本和管理变更的时间，这些会发生频繁变更的流程可能不符合自动化条件。如果该过程是基于应用程序或系统内部资源的使用情况进行自动化的，那么就不应该采用 RPA。

- 理解业务工作流程往往很难，可能会对机器人工作所在流程的某一部分缺乏操作知识和实时可见性，而 RPA 工具在具有适当的扩展和业务连续性设置的虚拟化桌面环境中效果最佳。另外，将 RPA 应用于高度复杂的流程中，这会带来高昂的自动化成本。

- 仅仅按照流程原本的样子进行自动化而不检查该流程在未来的可行性，可能无法达到预期的效果。

- 为了保证输出，RPA 解决方案需要对基于规则或重复性的任务进行维护。

5.6 小结

RPA 是软件机器人的数字化劳动力，毫不夸张地说，它可以执行任何业务流程。与其他传统 IT 解决方案相比，RPA 允许组织或企业以远低于以往的成本和时间实现自动化。同时，RPA 本质上是非侵入性的，在底层系统更换既困难又昂贵的情况下，可以利用现有的基础设施，还不会导致底层系统的中断。RPA 工具 / 供应商是可以通过配置任务来实现其自动化的软件。与其他形式的自动化不同，RPA 可以分析呈现给它的数据，并根据开发人员设置的逻辑参数做出决定。与其他形式的自动化相比，它不需要系统集成。

如今各个领域的技术都在进步，这使开展业务比以往任何时候更加容易。机器人的发明是科技史上的重要里程碑之一。RPA 使人类能够转而关注并执行更高效和需要创新与技巧的工作，而不是应对乏味、单调、低效和重复的任务。RPA 可通过消除常规业务行为中出现的障碍来强化业务流程，成为快速降低业务成本和提高效率的绝佳工具。如果企业能够意识到与 RPA 实施相关的挑战，并制订一个完美的计划来克服这些挑战将有助于 RPA 的成功。组织或企业实施 RPA 时面临的主要挑战是 IT 和职能部门之间的职责分工不明确、缺乏对 RPA 的含义及其应用范围的理解、缺乏管理支持，以及整个组织的变革管理流程不健全。实施 RPA 时面临的其他挑战还包括妥善处理业务中断和员工焦虑情绪等。

RPA 可以成为基于原有系统的流程实现快速自动化且低风险的起点。机器人可以从没有应用程序界面的手动系统中提取数据到数字流程中，确保生成更快、更有效的结果。

RPA 本身不会改变组织，也不能修复企业中的故障流程和系统。在正确的使用方式下，RPA 可以成为数字化转型工具包中的有用工具。RPA 可以使企业或组织中的有效人才资源不再将时间浪费在重复性任务上，员工可以腾出时间专注于更快地获得有预期结果的用户服务或企业战略目标。RPA 带来了一个将重复流程自动化并更高效地实现业务目标的机会。部署软件机器人可以使组织或企业能够全天候更快、更准确地执行当前流程。

RPA 有很多优势，包括加快投资回报、提高操作准确性、加强合规性、降低成本，以及提高可扩展性。

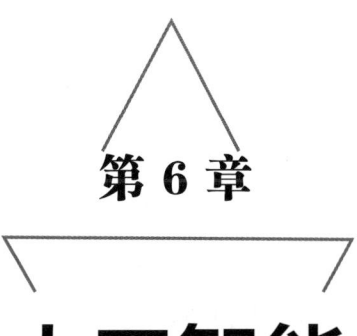

第 6 章

人工智能

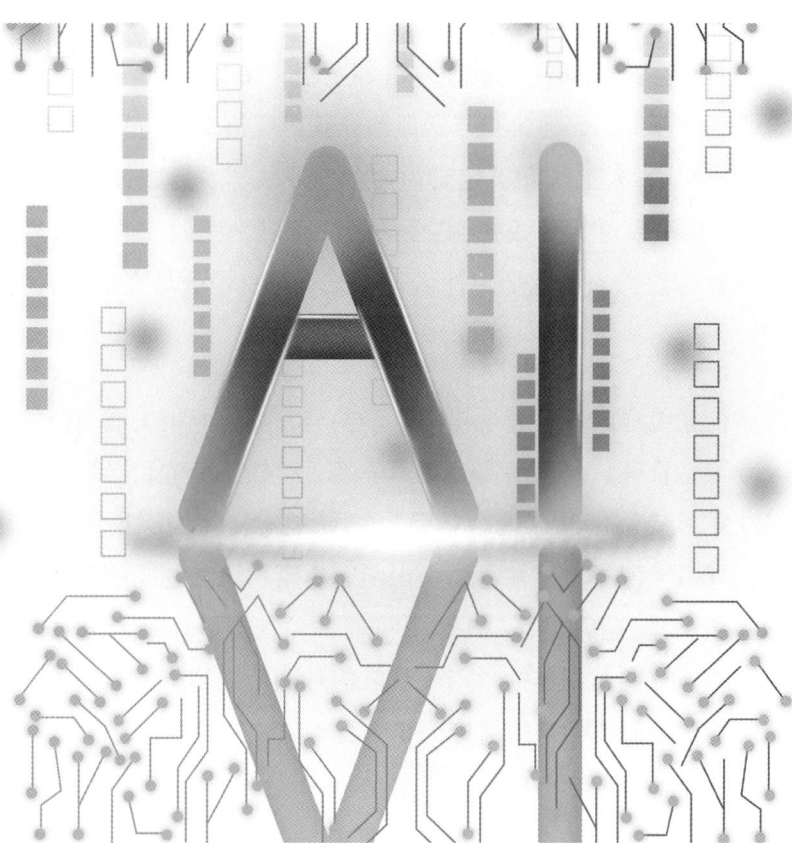

数字化转型正在推动所有行业转向机器人流程自动化、人工智能，以及利用智能自动化来简化业务运营流程。利用 AI 和 IA 的优势，员工可以从低价值和耗时耗力的任务中解放出来。为了在以技术为驱动的商业世界中保持竞争力，企业必须将评估其应用自动化的过程作为重点来考虑和规划。

人工智能是指在机器中模拟人类智能，使机器通过编程可以像人类一样思考并模仿其行为。这一术语也可以应用于任何表现出或具备类似学习和解决问题等人类思维活动相关特征的机器。人工智能在计算机科学中有时也称为机器智能，是与人类和动物展示的自然智能形成对照的由机器展示的智能。人工智能代表了计算机科学的一个领域，它致力于创造更智能的、可以解决曾经认为只能由人类才能解决问题的机器。更准确地说，它试图创造一种机器，在输入数据后，能够以比人类更快、更可靠的速度输出统计概率上更正确的结果。人工智能使机器能够从经验中学习、适应新的输入并执行类似人类的任务。20 世纪 50 年代早期，人工智能研究探索了问题解决和数理方法等主题。20 世纪 60 年代，美国国防部对这类工作产生了兴趣，并开始训练计算机模仿人类的基本推理。早在 20 世纪 50 年代，人工智能被定义为由程序或机器执行的任务，如果人类执行相同的活动，我们会说人类必须采取智慧来完成任务。这显然是一个相当宽泛的定义，这就是为什么有时关于某物是否是真正的 AI 存在一些争议。

人工智能系统通常能够表现出以下一些与人类智能相关或相似的行为：计划、学习、推理、问题解决、知识呈现、感知、示意和操纵，以及在较小程度上的社交智能和创造力。因此，AI 被定义为能够执行通常需要人类智能的任务（即视觉感知、语音识别、决策、语言之间的翻译）的智能计算机系统的理论和发展。AI 是由机器，尤其是计算机系统对人类智能过程的模拟。这些过程包括学习（获取信息和使用信息的规则）、推理（使用规则得出近似或确定的结论）和自我纠正。

AI 无处不在，例如，亚马逊的 Alexa 和苹果的 Siri 等虚拟助手。它们能够听懂人们说的话，进而推荐人们接下来应该在线购买哪些商品，以及识别照片中的人和内容、发现垃圾邮件或检测信用卡欺诈等，以上均是 AI 应用的体现。在一个极高的层次上，AI 可以分为两大类：狭义 AI 和广义 AI。狭义 AI 在如今的计算机中随处可见：即无须明确编程便已经学会如何执行特定任务的智能系统。这种类型机器的智能在苹果手机虚拟助手 Siri 提供语音和语言识别、自动驾驶汽车的视觉识别系统、根据过去购买记录推荐商品的推荐引擎中得到了明显体现。与人类不同，这些系统只能学习或被教导如何完成特定任务，这就是为什么它们被称为狭义 AI。

狭义 AI 的应用被不断扩展。例如，由无人机替代目视检查来完成对石油管道等基础设施的检修，其 AI 应用体现在对视频源的解读。还有包括安排个人和企业日程，响应简单的用户服务查询，与其他智能系统协调以执行作业任务等的 AI 应用，可以帮助人们在合适的时间和地点预订酒店、帮助放射科医生发现疑似肿瘤、根据物联网设备收集的数据检测电梯的磨损情况等。

广义 AI 则有所不同，它是从人类身上发现的适应性智力类型，是一种灵活的智能形式，能够学习如何执行截然不同的任务，从日常生活中的理发到构建电子表格，或基于其积累的经验对各种主题进行推理。人类对 AI 的研究数不胜数，其中大部分能够相互补充、相互完善。

6.1　人工智能是如何工作的

人工智能使机器能够从经验中学习、适应新的输入指令并执行类似人类的任务。它的工作原理是将大量数据与快速、迭代处理和智能的算法相结合，使软件能够从数据的模式或特征中自动学习。AI 是一个广泛的研究领域，包括

众多理论、方法和技术，以及以下主要子领域。

1. 机器学习

机器学习可以实现构建分析模型自动化。它使用来自神经网络、统计学、运筹学和物理学的方法来发现数据中隐藏的内容，而无须明确对查看哪里或得出哪些结论进行编程。

2. 神经网络

神经网络是一种由相互连接的单元（例如，神经元）组成的机器学习结构，通过响应外部输入来处理信息，在各个单元之间传递信息。该过程需要对数据进行多次传递以找到连接并从未定义的数据中得出含义。

3. 深度学习

深度学习使用具有多层处理单元的巨大神经网络，利用计算能力的进步和完善的训练技术来学习大量数据中的复杂模式。常见的应用包括图像和语音识别。

4. 认知计算

认知计算是 AI 的一个子领域，致力于与机器进行自然交互。使用 AI 和认知计算，其最终目标是让机器通过解释图像和语音的能力来模拟人类行为过程，而后以连贯的表述作为回应。

5. 计算机视觉

计算机视觉主要依靠模式识别和深度学习来识别图片或视频中的内容。当机器可以处理、分析和理解图像时，它们就可以实时捕捉图像或视频并解读周围环境。

6．自然语言处理

自然语言处理是计算机分析、理解和生成包括语音在内的人类语言的能力。NLP 的下一阶段是自然语言交互，能够使人类用日常语言与计算机交流并执行任务。

7．图形处理单元

图形处理单元是 AI 研究的关键，因为它们可以提供迭代处理所需的强大计算能力。训练神经网络需要大数据和计算能力。

8．物联网

物联网中连接的设备会生成大量数据，其中，大部分未经分析。使用 AI 实现模型自动化会使我们更充分地利用这些数据。

9．高级算法

高级算法正在以新的方式被开发和组合，以便在多个级别更快地分析更多的数据。这种智能处理是识别和预测罕见事件、理解复杂系统和优化独特场景的关键。

10．API 或应用程序编程接口

API 或应用程序编程接口是可移动的代码包，能够将 AI 功能添加到现有产品和软件包中。它们可以向家庭安全系统和问答功能添加图像识别功能，以描述数据、创建字幕和标题，或调用数据中有趣的模式和内容。人工智能涉及领域如图 6.1 所示。

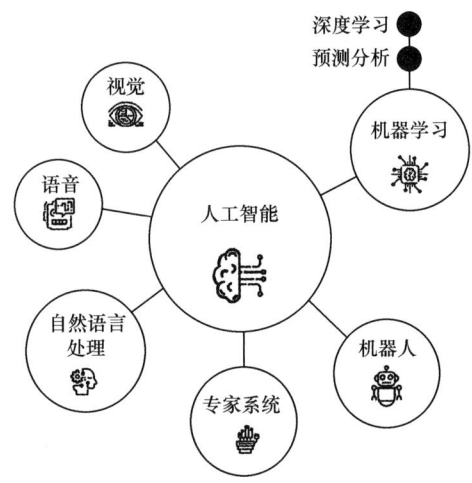

图 6.1　人工智能涉及领域

AI 包括机器学习和深度学习，使机器能够自我优化性能，并在潜在故障或问题发生之前提醒管理人员。AI 的使用将提高用户服务代表的响应能力，而且该技术依赖自动化，订单的准确性将有所提高，更高级的分析有助于实现更好的支出分析，也有助于降低成本。

AI 通过数据可将重复学习和发现的过程自动化。但 AI 不同于硬件驱动的 RPA，不是将人工任务自动化，而是能够可靠且持续地执行高频、海量、计算机化的任务。AI 的目标是提供可以对输入进行推理并在输出上进行解释的软件。AI 能够像人一样与软件进行交互，并为特定任务提供决策支持。

6.2　人工智能的应用

人工智能已经在商业中得到广泛应用，包括自动化、数据分析和自然语言处理。在各行各业，这 3 种 AI 技术正在发挥精简运营和提高效率的作用。自动化减轻了重复性甚至危险的任务负担。数据分析为企业提供了前所未有的洞察力。自然语言处理则衍生出了智能搜索引擎、有用的聊天机器人，以及对视障人士提供更好的辅助产品。AI 在商业中的其他常见用途如下。

- 传输和交叉引用数据，更新文件。
- 消费者行为预测和产品推荐。
- 欺诈识别。
- 个性化广告和营销信息。
- 通过电话或聊天机器人提供的用户服务。

AI 在企业中最明显的用途往往与底线有关，即成本节约和效率提升。例如，AI 应用程序可用于改进电子邮件系统中的垃圾邮件过滤器和网络保护。工业环境中的 AI 应用则是自动从货架上选择产品并发货的仓库机器人。AI 应用有助于保护工人，避免或减少工人承担仓库中的危险任务，同时也提高了仓库运营的准确性和安全性。智能机器人可以避开人和货架等障碍物，在取回或存储产品时更容易操作。借助 AI，仅凭一个面板就能控制机器人中的多个部件，从而减少对众多低技能型作业工人的需求。人工智能在商业中的应用如图 6.2 所示。

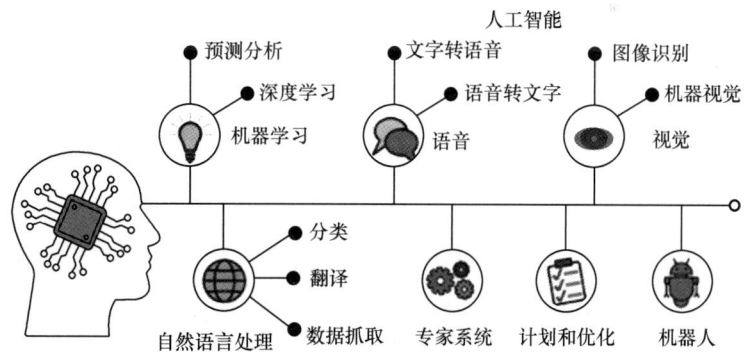

图 6.2　人工智能在商业中的应用

人工智能存在于各行各业和生活的方方面面。它不仅减少了各种操作中的人为干预，还能帮助人类更好地完成工作。社交媒体、消费电子、机器人、旅游和运输、金融、医疗保健、安全、监控、电子商务等领域在 AI 中受益。数字营销和 AI 密切相关。数字营销中需要处理大量数据，而人工智能可帮助数字营销人员更快地处理数据，从而使营销人员能够更高效地制订数字策略。因此，AI 在数字营销中发挥了巨大作用。人工智能在数字营销领域中的应用如图 6.3 所示，图 6.3 展示了人工智能推动数字营销变革的 10 种方式。

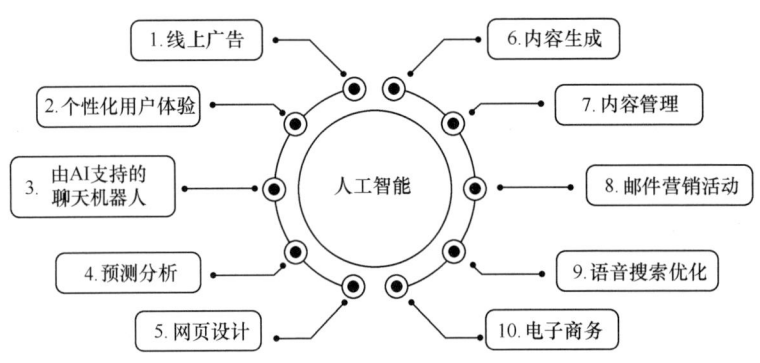

图 6.3　人工智能在数字营销领域中的应用

维护设备工作需要对设备进行定期的维修和保养。AI 提供了一种准确掌握执行这些任务的时机并在减少停机时间的同时节省投入资金的方法。AI 通过设备上的传感器收集信息，并将其与过往维护记录比对。在此基础上，AI 系统分析信息可以预测维修设备的最佳时间，这被称为预测性维护。

提高存货水平的最大难题之一是科学精准地预测库存。AI 能够预测所需的库存量从而减轻存货压力。减少不必要的存货是释放仓库空间以存放更多在售产品的最佳方法。预测建模可使用 AI 来检查、跟踪、预测消费者的购买趋势，并确定要补充库存的产品。消费者有需求但不能立即获得所需产品的情况被规避，自然能够有效地减少由此带来的收入损失。

由于涉及太多变量，所以人类无法实时准确预测适当的库存水平。AI 可以解决这些不准确的问题，从而提高设备效率。审查合同并与以前的版本和标准模板进行对比分析是极大的工作量。紧迫的时间安排和繁重的工作量会导致合同表述不佳，继而导致潜在价值损失和风险增加。AI 可用于从复杂的非结构化文档中提取数据，以对元素进行分类并理解自动化的业务流程和表格。

AI 能够在整个供应链中实现同步，这有助于将有关预测用户需求的信息发送到生产线上，以便供应商准确生产合理数量的产品，从而避免生产过剩带来的浪费。设备的连接和共享数据对于 AI 的使用至关重要，这种连接不仅允许设备来回发送有关生产的信息，在整个供应链中也能起到很大的作用。收集到的信息可以通过 AI 存储在云端供他人访问。具有 AI 功能的机器可以模仿人类，将人工任务自动化，并像人类一样随时随地学习。随着自动化的出现，重复性和耗时的任务开始由 AI 负责。AI 驱动的系统能够展示人类智能并随着时间的推移进行学习，这表明这些 AI 机器最终能够执行批判性思维的工作并自行做出决定。

运输行业的企业意识到 AI 的这种独特潜力，正在进行大量投资，以提高创收能力并使企业在竞争中处于领先地位。在制造行业中扩展 AI 表明，智能设备维护、产品质量检测和生产需求规划为制造商专注于制造行业提供了初始动力。另外，AI 还改变了银行流程。AI 技术使银行的流程更快，汇款更安全，后端操作更高效。金融服务机构正依靠 AI 技术来降低成本，同时来推动收入增长。需要注意的是，AI 正在改变多个行业的业务开展方式，例如，让医疗保健领域医疗服务的获取更便捷、检测金融机构的欺诈行为、改善交通运输管理系统、帮助企业在技术上更高效地运营、化解零售业中的用户服务问题等。

6.3 人工智能模型

人工智能模型是算法和训练数据结合的产物。虽然支持 AI 的算法很复杂，但大多数底层资源都是开源的。这意味着对于任何希望开发一款成功

AI 模型的公司来说，保护训练数据至关重要。理想情况下，这些训练数据将是一个不断更新（和增长）的数据流，而不是"一次性"的数据存量。

任何行业中，最具防御力的 AI 模型都会有一套独特而有用的数据集，来不断吸收更多的训练数据，建立任何新竞争对手都难以逾越的数据规模。对数据的迫切需求使数字平台模型形成用于人工智能模型开发的数据密集型接口。AI 的基本动态可能在某些行业是一致的，但尚不清楚其产生的压力将如何重塑金融行业的结构和竞争格局，也不能认为它们对金融服务的多个子部门产生了相同的影响。人工智能和机器学习为企业改善运营、提高收入提供了充足的可能性。企业面临的问题种类繁多，用于解决这些问题的机器学习模型种类也非常广泛，有些算法相较于其他算法会更擅长处理某些类型的问题。因此，人们需要清楚地了解每种机器学习模型的优点，以下是 10 种流行的 AI 算法。

1．线性回归

线性回归用于数理统计中查找对函数精度影响最大的系数值。

2．逻辑回归

逻辑回归是另外一种流行的 AI 算法，能够提供二分法的结果。这意味着该模型既可以预测结果，又可以依据指定函数进行分类（二分为 0 和 1 两个不同的结果）。该算法通过拟合一个逻辑函数来预测一个事件发生的概率，所以它预测的是一个概率值。它的输出值会基于算法权重的改变而有所不同。

3．线性判别分析

线性判别分析是逻辑回归模型的一个分支，当输出中存在两个以上的类时可以使用这种方法。该模型能够计算数据的统计特性，例如，每个类的平均值和所有类的总方差。预测允许计算每个类的值并确定具有最大值的类。

4．决策树

决策树是最常用、最简单、最有效的机器学习模型之一。它是一个经典的二叉树，在每个分叉处都有是或否的决策，直到模型到达结果节点。

5．朴素贝叶斯算法

朴素贝叶斯算法是一个简单但非常强大的模型，用于解决各种各样的复杂问题。该模型被称为朴素模型，因为它基于所有输入数据值进行彼此不相关的假设运行。虽然这在现实世界中不可能发生，但是这种简单的算法可以应用于大量的标准化数据流，并可以准确地预测结果。

6．K最邻近算法

K 最邻近算法是一个简单且非常强大的机器学习模型，使用整个训练数据集作为表示字段。结果值是通过检查整个数据集中具有相似值（所谓的邻居）的 K 个数据节点并使用欧几里得数（可以根据差值轻松计算）来计算的。

7．学习向量量化

学习向量量化是使用码本向量来定义训练数据集并编码所需结果的神经网络。因此，向量最初是随机的，学习过程涉及调整它们的值以使预测精度最大化。

8．支持向量机算法

支持向量机算法是最被数据专家广泛讨论的算法之一，因为它提供了非常强大的数据分类能力。所谓超平面就是用不同数值分割数据输入节点的线，从这些点到超平面的向量可以支持（当同一类的所有数据实例都在超平面的同一侧时）或否定数据（当数据点在其类别所处的平面之外时）。

9．随机决策森林

随机决策森林由决策树组成，决策树对多个数据样本进行处理，并将结果汇总（就像将许多样本收集在一个袋子中）以找到更准确的输出值。

10．深度神经网络

深度神经网络是使用最广泛的一种 AI 和机器学习算法。基于深度学习的文本和语音应用程序、用于机器感知和光学字符识别（Optical Character Recognition，OCR）的深度神经网络，使用深度神经网络来赋能强化学习和机器人运动，以及改进其他杂项应用。

6.4 人工智能的挑战

人工智能的最大挑战在于它如何从数据中学习，数据中的任何不准确的信息都会反映在结果中。AI 系统非常专业，其构建只是为了执行单一任务并不断学习以变得越来越好。这些系统遵循的过程是查看给定的输入和产生的结果，发现所产生的最佳结果并记下相应的输入值。人工智能带来的伦理挑战如图 6.4 所示。

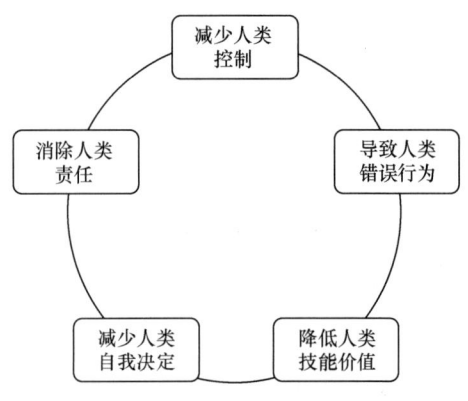

图 6.4 人工智能带来的伦理挑战

事实上，组织或企业当下可以访问的数据远多于以往任何历史时期，但适用于 AI 应用程序学习的数据集却很少。然而，强大的人工智能机器是那些接受监督学习训练的机器。这种训练需要标记数据，标记数据被组织起来以便机器进行学习。目前，标记数据稀缺，组织正在设计方法方面加大投资并专注于如何创建人工智能模型进行学习。

大多数 AI 应用程序基于海量数据进行学习并做出智能决策。机器学习系统依赖于较为敏感的个人数据。这些系统从数据中学习并改进自己。这种系统性学习很容易使数据发生泄露，造成用户身份被盗用。另外，AI 系统做出的某些决策的质量与其学习到的数据有关。专有算法基于隐藏其中的偏差，可能做出不公平结果的关键决策。因此，使用无偏差的数据训练人工智能系统，并创建易于解释的算法是必要的。企业或组织应用人工智能中所要面临的挑战如下。

1．AI 集成

应确保当前程序与 AI 要求的兼容性及在不停止当前输出的情况下将 AI 实施到这些程序中。AI 接口的设置方式需要考虑基础设施、数据存储和数据输入，并保证输出不会受到负面影响。此外，AI 集成完成后，相关人员要接受关于使用新系统的培训。

2．算法偏见

偏见是 AI 面临的最大挑战之一。如果做出重要决策的算法中存在的偏见未被识别，可能会导致不道德和不公平的后果。

3．数据集成

可以在各种应用程序上以文本、音频、图像和视频等格式收集数据。数据收集平台的广泛性加大了企业或组织对人工智能开发的难度。为了取得成功，这些数据必须以 AI 能够理解的方式进行整合并转化为有用的结果。

4．战略实施

为了取得成功，企业或组织需要在应用 AI 的同时制定战略方法，包括确定需要改进的领域，以及设定具有明确收益的目标，并确保形成持续的流程改进与反馈闭环。

5．法律问题

人工智能可能面临法律纠纷的风险，即因为隐私边界模糊等导致收集敏感数据而触发法律问题。即使不违法，企业或组织也需要警惕任何产生负面影响的潜在风险。公众可能会认为企业或组织所收集的数据侵犯了他们的数据隐私，因此，企业或组织没有必要为此而冒险，毕竟对企业或组织而言，被公共关系危机反噬是得不偿失的。

6.5 人工智能对就业的影响

在不久的将来，人工智能系统会逐渐取代部分现代人工劳动。虽然 AI 不会取代所有工作，但是人工智能将改变工作的性质。

亚马逊刚刚在西雅图推出 Amazon Go，这是一家没有收银员的超市，顾客只须从货架上拿走商品，直接离开即可。这可能导致美国 300 万名收银员失业。亚马逊在使用机器人提高仓库效率方面也处于领先地位。人工拣货员挑选要发送的物品，然后由机器人将货架的商品进行运送。亚马逊在其交付中心拥有超过 10 万个机器人，并计划增加更多的机器人。尽管亚马逊强调，随着机器人数量的增加，这些仓库中的人工数量也在同步增加，然而，亚马逊和许多小型机器人公司正在努力使仓库中剩余的人的工作自动化，因此，人工和机器人劳动力并不一定会继续同步增长。

完全自主的自动驾驶尚未成为可能，但据预测，自动驾驶卡车在运输和物流行业的应用有望在未来 10 年内取代 170 万个工作岗位。数百万人在从事行政工作，他们的主要工作是在系统之间输入和复制数据，或为公司预约会议和安排会面。随着软件在自动升级系统和标记重要信息方面变得愈发娴熟，对管理员的需求也将会随之下降。与每一次技术变革一样，新的工作岗位将被创造出来并取代不再需要的岗位。然而，创造新职位的速度是否足够快到能够为被取代的人提供就业机会或岗位，以及新的失业者是否具备必要的技能或素质来胜任这些新角色，目前，并没有明确的答案。

因为 AI 系统需要不断地重新校准和训练，所以任何 AI 项目都会有"冒险"的元素，其根本原因在于人类的思想总是不可预测的。这种不确定性必须在所有 AI 投资回报率公式中进行规划。AI 推动者可以执行的第一步是对高级管理层进行风险教育，以便对这些风险进行合理的规划和管理。第二步是将风险纳入投资回报率公式，作为应对未知和意外的余量，为 AI 项目成本预测增加 20% 的缓冲。AI 对就业的影响已在所有行业中有所预兆和体现。预计金融服务行业在不久的将来会成为受影响最大的行业之一。长期来看，运输和物流等行业也会受到影响。

在企业或组织中引入人工智能必然会影响企业的业务系统和业务流程。最起码现有的需要与人工智能通信和交换信息的系统必须与人工智能实现集成，系统流程也将随之改变。随着人工智能应用于业务运营，以前由人类执行的流程将由人工智能承担，这必然促使那些被取代工作的人们进入新的工作岗位。

6.6 小结

人工智能在预测行为方面远胜于人类思维。AI 还可以开发导向可疑决策的价值系统。随着数据规模和多样性的不断增长，以及云服务成为快速、经济地扩展计算能力和数据存储的普遍选择，人工智能及其子组件（机器学习、认知计算甚至深度学习等）越来越受到关注。人工智能可用于增强应用分析，以帮助组织或企业更好地了解用户并提供优质的用户体验。它还能为组织或企业提供实用的建议，指导它们如何利用当前已经在做的事情使营销和其他业务流程变得更有效。

当然，算法是大多数 AI 系统的关键技术属性，由于机器从数据中学习算法，所以无法将数据与算法分开。事实上，有效算法的最大障碍是数量少、质量差或数据未被标记。缺乏以数据为驱动的文化对 AI 的影响不亚于没有数据。这意味着企业及其领导者对 AI 没有兴趣或不想深入了解，因此，不可能建立必要的 AI 能力以取得成功。即使 AI 应用程序开发成功，这些应用程序也不会被用户广泛实施或采用。除了文化因素，组织结构、策略或执行不力的变更管理等原因也会导致 AI 系统与组织不匹配。简言之，组织和文化维度对于任何寻求 AI 回报的企业至关重要。

组织或企业领导者正在考虑将数据驱动的决策演变为采用人工智能的自动化决策。其主要的考量范围包括数据准备、实验和模型开发及实施和监控，以分析为驱动的操作环境将孕育出实现人工智能价值的最佳自动化模型。

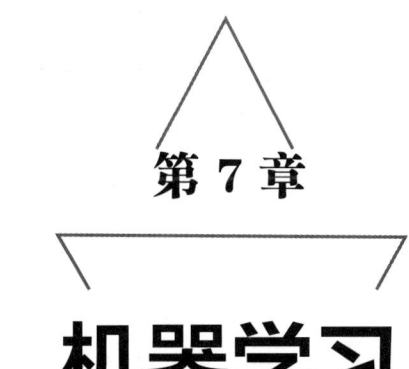

第 7 章

机器学习

机器学习（ML）是人工智能的一种应用，它为系统提供了无须明确编程即可从经验中自动学习和改进的能力。机器学习专注于开发可以访问数据并使用数据来学习的计算机程序，是一种自动化分析模型构建的数据分析方法。它是人工智能的一个分支，其理念是系统可以从数据中学习、识别模式并在最少的人工干预下做出决策。机器学习是教授计算机系统如何在输入数据时做出准确预测的过程，即机器学习研究的是计算机如何直接从数据中获取知识从而学习解决问题的方式。机器学习技术通常是模仿人类的自然行为。

机器学习通常从示例、直接经验或指导等观察或数据开始，以便在数据中寻找模式并根据人们提供的示例在未来做出更好的决策。其主要目的是让计算机在没有人工干预或帮助的情况下自动学习，并相应地调整行为。机器学习算法在数据中找到自然模式，从而产生洞察力并帮助我们做出更好的决策和预测。机器学习每天都被用于医疗诊断、股票交易、能源负荷预测等领域，以便相关人员做出关键决策。例如，媒体网站依靠机器学习来筛选数百万个选项，为网友推荐想听的歌曲或想看的电影。零售商使用它来深入了解用户的购买行为。

机器学习作为 AI 的一个子领域，是从模式识别发展而来的，被用于探索数据结构并使其适用于用户可以理解和使用的模型。它回答了如何使用历史数据构建计算机程序、解决既定问题并根据经验自动提高程序效率的问题。多年来，业内已经开发了各种机器学习应用程序，例如，对新天文结构进行分类的模型、检测或识别银行交易中的欺诈行为、学习用户阅读偏好的信息过滤系统、进行神经生物学研究、学习在高速公路上行驶的自动驾驶汽车等。同时，在构成机器学习基础的概念和算法方面也取得了重要进展。机器学习的简要介绍如图 7.1 所示。

机器学习就是向机器输入大量数据，并使用此类数据来学习如何执行（例如，语音识别或为照片自动添加字幕等）特定任务的计算机系统。

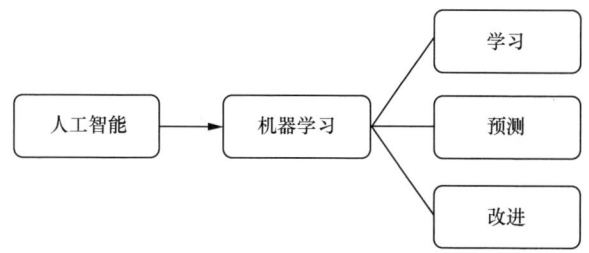

图 7.1　机器学习的简要介绍

7.1　什么是机器学习

目前，机器学习方法有监督学习、无监督学习、半监督学习、强化学习 4 种。其中，最为广泛采用的方法是监督学习和无监督学习。不同机器学习方法和所需数据如图 7.2 所示。

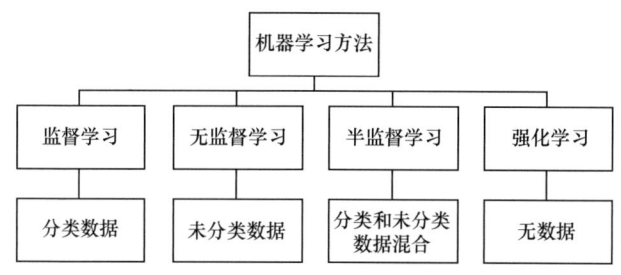

图 7.2　不同机器学习方法和所需数据

1．监督学习

通过实例教授机器的过程称为监督学习。监督学习算法使用已知所需结果的输入等标记示例进行训练。这些机器学习系统接受了大量数据，这些数据经过注释以突出显示相关的特征。通过分类、回归、预测和梯度提升等方法，监督学习使用模式来预测其他未标记数据的标签值。监督学习通常用于通过历史数据预测未来可能发生的事件的应用程序中。训练这些系统通常需要大量数据，有些系统需要搜索数百万个样本来学习如何有效地执行任务，这在大数据和广泛的数据挖掘时代是可以实现的。监督学习使用分类和回归技术来开发预测模型。分类技术可预测离散响应，例如，电子邮件是真实邮件还是垃圾邮件，或者肿瘤是恶性的还是良性的。分类模型可以将输入数据分门别类。典型应用包括医学成像、语音识别和信用评分。回归技术则可预测连续响应，例如，温度变化或电力需求波动等。此类机器学习的典型应用包括电力负荷预测和算法交易。

2. 无监督学习

无监督学习用于没有历史标签的数据。系统不会被告知也无法告知所谓的"正确答案"。算法必须弄清楚显示的内容，其目标是探索数据并找到其中的一些结构。无监督学习适用于交易数据。例如，它可以识别具有相似属性的用户细分，在随后的营销活动中就能以类似方式对待这些用户。该算法不提前设置来挑选特定类型的数据，而是寻找可以按相似性分组的数据。无监督学习能够发现数据中隐藏的模式或内在结构，被用于从由没有标记响应的输入数据组成的数据集中得出推论。聚类是最常见的无监督学习技术，被用于探索性数据分析以发现数据中的隐藏模式或分组。聚类分析的应用包括基因序列分析、市场研究和对象识别。例如，如果一家手机公司想要优化通信信号塔的位置，可以使用机器学习来估算依赖其信号塔的人群数量。由于一部电话一次只能与一个信号塔通话，所以该团队使用聚类算法来设计手机信号塔的最佳位置，以优化其用户群体或集群的信号接收。

3. 半监督学习

在这种类型的学习中，给定的数据是分类数据和未分类数据的混合。这种数据组合用于为数据分类生成适当的模型。在大多数情况下，分类（标记）数据很少，未分类（未标记）数据充足。半监督分类的目标是学习一个模型，该模型能够比单独使用标记数据生成的模型更好地预测未来测试数据的类别。人类学习的方式类似于半监督学习的过程。

4．强化学习

强化学习的方法旨在利用从与环境的交互中收集到的观察结果来采取行动，以使回报最大化或使风险最小化。为了生成智能程序（也称为代理），强化学习经历了以下步骤。

- 一是代理观察输入状态。
- 二是决策功能用于使代理执行操作。
- 三是执行动作后，代理从环境中获得奖励或强化。
- 四是将有关奖励的"状态—动作"对信息存储起来。

如果需要训练模型进行预测，则应选择监督学习。例如，预测温度或股票价格等连续变量的未来值，或者进行分类，识别来自网络摄像头视频片段的汽车品牌。当需要探索数据并训练模型以找到良好的内部呈现时，则应选择无监督学习，例如，将数据分成集群。

7.2　机器学习的应用

机器学习已被证明是解决许多现实生活难题的一种可行的方法。机器学习的一些应用如下。

1．光学字符识别

由打字、手写或印刷的文本内容组成的图像是可读的。为了使此类文本内容对机器同样可读，产生了光学字符识别技术。

2．计算机辅助诊断

计算机辅助诊断中使用的模式识别算法可以在相对较短的时间内帮助医生解读医学图像。来自 X 射线、磁共振成像（Magnetic Resonance Imaging，MRI）和超声波等不同医学检查的医学图像是描述患者状况的数据来源。计算机辅助诊断使用机器学习中的模式识别技术来识别图像中的可疑结构。

3．计算机视觉

自动驾驶汽车也是通过计算机视觉技术实现汽车视觉的应用。计算机视觉的另一个例子是面部识别。来自智能手机和闭路电视摄像机的图像以前所未有的速度发展。与人脸识别相关的一个问题是将人脸图像与其各自的身份相关联，为这个任务构建一个分类器并不是一项简单的工作，因为涉及各种图像相关问题的类别实在太多。人脸识别可以帮助安全机构利用大量不同来源的数据自动发现人工很难做到的事情。

4．语音识别

语音识别领域旨在开发使计算机能够识别口语语言并将其翻译成文本的方法和技术。将语音自动转录为文本已在视频字幕和法庭报告等领域得到应用。智能机器使用机器学习算法来完成通常由人类执行的任务，从而提高效率和生产力。一般来说，智能机器是一种智能系统，它使用传感器、射频识别技术（Radio Frequency Identification，RFID）、Wi-Fi 或蜂窝通信链接等设备来接收数据并对其进行解释以做出决策。

将机器学习引入大多数供应链组织可以推动业务不断发展，即利用自动化评估多种场景结果并提高决策信心。建立人员、流程、数据和解决方案的坚实基础，并利用领先的供应链优化技术，打造我们的专业性并加速我们在机器学习成熟度曲线上的提升。在许多机会领域，我们可以利用机器学习来实现投资回报，例如，自动化、制订决策、化解风险、提高预测的准确性、生产新产品、提供服务及保持竞争力。

此外，机器学习的应用在企业管理的方方面面有所印证。例如，通过人工数据工作自动化和流程自动化提高团队效率，从而为分析师留出更多的时间从事增值活动。使用新信息做出更好的决策能够带来业务突破。企业管理者可以通过及时发现问题并通过主动解决或避免潜在中断带来的竞争优势来降低风险。企业的销售人员可以通过了解能够带来需求增长的"用户情绪"，进而提高销售预测的准确性。研发和产品管理人员应利用新数据源来分析短语和市场情绪，以开发更成功的产品和服务，从而提供更强劲的销售并带来更高的利润。对机器学习等技术的投资有助于企业保持竞争力，获得竞争优势。机器学习和计算能力已随着时间的推移不断发展以适应先进的算法。大量生成的数据可使计算机变得越来越智能化。

7.3 机器学习的商业挑战

成功实施一个在工业环境中工作并产生可信赖结果的机器学习算法并非易事。它需要具备不同领域的知识、及时解决问题的心态，以及擅长破解数字和热爱统计的能力，进而形成一个超凡的组合。处于机器学习早期阶段的企业或组织，试图从机器学习的投资中快速获取价值或受益可能会面临一些挑战。下面是机器学习实施过程中的一些挑战，我们在设计解决方案时应该注意。

1. 部署

在部署方面，较长的交付周期显然是不可取的，会产生一些"公司为什么要花这么长时间来部署模型"等问题。

2．扩展

从机器学习中提取价值时，扩展性是公司面临的最大挑战之一。其主要困难是硬件、模块化和数据来源，这些问题可归因于多种因素，例如，数据科学团队缺乏与其他部门的沟通或协作不畅等。

3．版本控制

虽然稳健的版本控制对于机器学习的准确性和速度至关重要，但它会影响模型的成熟能力，并且与传统软件版本控制不同，稳健的版本控制需要跟踪多个不同的文件，而这些文件可能以不同的语言写出，这就依赖于多个框架。这会影响机器学习模型的复杂性，进而阻碍其价值提取。

4．正确的算法选择

数十种广泛流行的算法可用于机器学习。尽管算法可以在任何通用条件下工作，但对于哪种算法在何种情况下工作最好，仍然需要具体的指导方针。

5．选择正确的数据集

正如人们所说，垃圾输入会产生垃圾输出，这适用于机器学习的数据集范围。数据的质量、数量、准确度和合理选择对于机器学习解决方案的成功至关重要。数据选择可能会受偏见的影响。避免选择偏见并选择完全代表业务实例的数据十分重要。[1]

6．数据预处理

历史数据非常杂乱，往往由缺失值、无价值值、异常值等组成。解析、清

---

[1] 所谓选择偏见，即在选择数据的时候根据自己的喜好、掌握数据的丰富度、获取数据的便捷程度等有所取舍，导致有些数据被人为地忽略或者放弃了。

理和预处理此类数据可能是一项乏味的工作，需要研究特征属性和值范围，并且需要应用特征缩放等技术来防止某些特征支配整个模型。

7．数据标记

监督式机器学习算法中所使用的模型更简单、更合适。无监督机器学习算法的选择和实现是非常乏味和冗长的过程，有时需要多次不成功的迭代。有监督的机器学习算法需要数据标记。数据标记是一项人工密集型任务，尽管如此，也不能简单地将其外包，因为其工作非常关键。例如，在医疗保健系统中，为了使预测诊断更准确，必须标记可用的医疗数据。标记过程需要医学专家与医生的持续投入。然而，专业的医学专家与医生则会认为这种贴标签的活动很浪费时间，因此，大量的专职和兼职的"数据标注员"便出现了。

7.4　小结

机器学习是人工智能的一种应用，它为系统提供了无须明确编程便可从经验中自动学习和改进的能力。机器学习专注于开发可以访问数据并使用数据自己学习的计算机程序。机器学习使用算法来构建分析模型，帮助计算机从数据中学习。它可以使用大量数据创建新的应用程序。机器学习可以辅助业务流程并且更快地理解数据，使组织或企业中的个人能够做出以数据为驱动的决策。但是要使机器学习取得成功，我们的模型必须使用干净的数据集。

监督学习模型要执行两个主要任务：分类和回归。其中，分类是预测一个名义类标签，而回归是预测类标签的数值。从数学上讲，构建回归模型就是识别类标签和输入预测变量之间的关系。预测变量也称为属性。在统计术语中，预测变量称为自变量，而类标签称为因变量。回归模型是因变量和自变量之间关系的体现。一旦在训练阶段学习到这一点，任何新数据都会被插入关系曲线中找到预测。这将机器学习问题简化为求解数学方程。机器学习可以在大范围应用中发挥关键作用，例如，数据挖掘、自然语言处理、图像识别和专家系统。机器学习为所有这些领域及更多领域提供了潜在的解决方案。机器学习在很大程度上依赖统计学建立。例如，在训练机器学习时，需要提供具有统计意义的随机样本作为训练数据。如果训练集不是随机的，则会导致机器学习模式原本并不存在的风险出现。如果训练集太小，就会得出不准确的结论。例如，试图仅根据来自高层管理人员的数据来预测全公司的满意度模式，很可能出错甚至得出大相径庭的结论。机器学习的分类如图 7.3 所示。

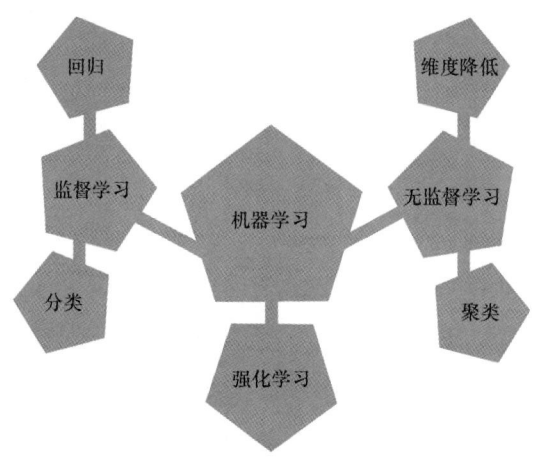

图 7.3　机器学习的分类

机器学习是使用算法查看数据并从中学习，然后对某种事情做出决定或预测的实践。根据需要完成的任务及可用数据的类型和数量，从使用基本决策树到聚类，再到人工神经网络层，有许多不同的方法可以让机器进行学习。能够学习的机器对人类大有益处，因为凭借其处理能力，它们能够更快地提示或发现大数据中可能被人类错过的模式。机器学习是一种可帮助人类解决问题并做出明智推断能力的工具。

第 8 章

智能自动化

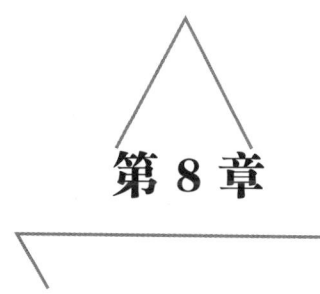

智能自动化是机器人流程自动化和人工智能技术的结合，它们共同支持快速的端到端业务流程自动化并加速数字化转型。智能自动化是数字化转型的整体解决方案，主要基于业务流程管理（Business Process Management，BPM），根据每个时刻的业务需求来编排用户、任务、系统和机器人流程自动化。它还和人工智能结合使用，分析并做出自动化和智能的决策，为流程提供足够的灵活性，以实现成功的端到端业务实例管理。智能自动化的另一个关键特性是在企业或组织使用的不同系统之间进行集成，这样可以防止系统中的数据重复或冗余，使用户只要在一个平台上工作即可。RPA 遵循一系列规则进而将不存在变化的工作自动化，因而RPA 非常适合重复性任务。这些重复性任务通常由一系列简单、标准、规范的业务流程串在一起。智能自动化集成了 RPA 和 BPM 的所有功能，具体描述如下。

- 处理非结构化数据，自动执行需要判断、检测和适应不断变化的任务。
- 帮助规划资源、设置可实现的 KPI，以确保组织的最佳运营结果。
- 处理异常或例外情况并减少机器人管理。

智能自动化包括自然语言处理、机器学习和决策网络在内的人工智能与机器人过程自动化等技术。随着语音识别、自然语言处理和机器学习等技术变得更加复杂，智能自动化可以应用的业务范围也相应扩大。由于智能自动化功能的快速进步和更低廉的成本，金融服务组织中出现许多潜在的智能自动化应用机会，从决策自动化（欺诈、承销、索赔、反洗钱、信贷审批）到自动分类和处理文件（合同管理、收入验证、贷款处理、监管范围扫描）直到语音识别。智能自动化即 "RPA+AI" 如图 8.1 所示。

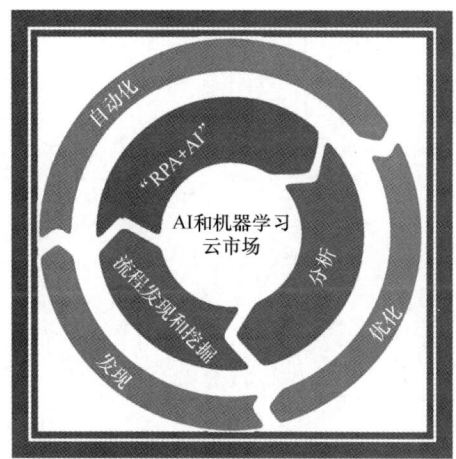

图 8.1　智能自动化即 "RPA+AI"

只是为了降低成本而进行自动化并不是真正的数字化转型，而是优化。这些组织或企业不应只限于降低成本，而应从长期成功和持续创新的视角规划。从发现、自动化和优化到使所有前后台业务流程自动化，智能自动化存在整个过程的自动化。为了将业务流程自动化的范围扩大一个数量级，智能自动化将 RPA 的任务执行与机器学习技术相结合。智能自动化周期从流程发现开始，AI 驱动的工具会自动观察人们正在进行的工作活动，在此基础上提炼和确定最佳的工作流程，从而提出自动化路径。在自动化阶段，智能自动化应用 AI 包括人类聊天、音频和视频等的非结构化信息，这对于实现端到端的自动化至关重要。

智能自动化的主要目标是改善用户和员工体验并提高生产力。此外，它还可以节省时间和成本，显著减少流程周期中的人为干预，让员工有更多的时间专注于创造性改进、做战略和决策等。其另一个目标是基于其纯数字管理导向，进一步减少流程中的错误及减少纸张使用。智能自动化频谱如图 8.2 所示，该图显示了企业智能自动化频谱的能力发展路径。

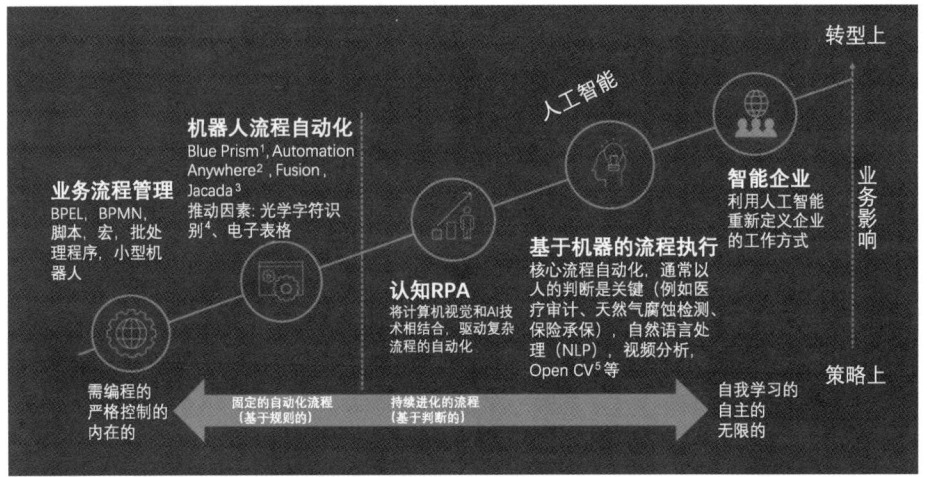

资料来源：埃森哲

1. Blue Prism 是一家跨国软件公司，该公司率先开发并制造了企业机器人流程自动化软件，旨在帮助将复杂的端到端业务流程自动化。

2. Automation Anywhere 是一家跨国软件公司，主要开发机器人流程自动化软件。

3. Fusion、Jacada 均是开发机器人流程自动化软件的公司。

4. 光学字符识别（Optical Character Recognition，OCR）是指对文本资料的图像文件进行分析识别处理，获取文字及版面信息的过程。

5. OpenCV 的全称是 Open Source Computer Vision Library，是一个跨平台的计算机视觉库。OpenCV 由英特尔公司发起并参与开发，可以在商业和研究领域中免费使用。OpenCV 可用于开发实时的图像处理、计算机视觉及模式识别程序。OpenCV 广泛用于增强现实、人脸识别、手势识别、人机交互、动作识别、运动跟踪物体识别、图像分割、机器人等领域。

图 8.2　智能自动化频谱

技术的融合产生了可以提升组织的业务价值和竞争优势的自动化功能。

8.1　智能自动化的好处

智能自动化结合了 RPA 和 AI 的功能，因此，智能自动化能够更快地为公司创造价值，并且与传统的自动化方法相比，智能自动化能够带来额外的优势。以下是在许多转型项目中体现出的自动化的好处。

1．降低成本

显著降低成本往往被视为自动化带来的最大好处，这通常也是最容易衡量的一个方面。

2．更高的准确度

自动化任务涉及处理大量数据，这一过程往往具有挑战性且容易出错。

3．对核心竞争力的高度聚焦

将烦琐耗时的人工任务自动化，使员工能够更多地专注于他们的核心能力建设和提升，自然会带来更高的用户满意度评级。

4．提高生产力

最大限度地减少人为错误意味着可以有效减少在更正错误上所花费的时间，从而提高生产力。此外，软件机器人的劳动力可以根据业务需要便捷地扩大或缩小。

5．更好的合规性

软件机器人执行的操作更容易审核，从而更容易跟踪和纠正流程中的缺陷。

智能自动化减轻了重复性任务的负担，并通过智能技术和敏捷流程赋予人类更快、更智能的决策能力。智能自动化的其他好处总结如下。

- 通过减少重复性任务所需的人工干预来提高流程效率。
- 自动化可以缩短响应时间并改善用户体验、提升用户满意度。
- 可以通过更快的数据分析和决策制订来优化后台运营。自动化工作意味着不会出现任何中断，系统可以"7×24"小时全天运行。

- 减少人工参与，监控流程和任务的效率会更高，欺诈的可能性也会降低。
- 减少了人为错误发生的频率，从而降低了可能发生的人力风险和成本。
- 降低培训人力资源所需的成本，从而节省培训成本和时间。

智能自动化解决方案的好处还包括更有效地监控检测、产品和服务创新、竞争优势，以及提高收入和劳动生产力。

8.2　智能自动化的实施

智能自动化是一种全面的自动化方法，其重点不仅是模仿人类行为，还包括模拟人类决策。智能自动化创造的新可能性意味着工作应该由输出成果和劳动力解决的问题来重新定义，而不是具体执行的活动和任务。有利于实施智能自动化的组织结构可以是中央卓越中心（Center of Expertise，CoE）团队和联合业务单元（Business Unit，BU）实施团队的组合，机器人的实施尤其如此。RPA 开发人员可以嵌入 BU 级别的流程团队中。这种结构将自动化工作与 CoE 团队联合起来，有助于形成相互协作的工作文化。智能自动化由以下关键技术的成功应用和将它们相互有机关联的实施共同组成。

1．业务流程管理（BPM）

业务流程管理是一种流程自动化技术，涉及人员、系统和数据的高效协调。BPM 的目标是确保运营和业务流程基础架构稳固。因此，它可充当组织中的基础层，使复杂流程的行为自动化、规范化和标准化。这些流程需要人为干预数据输入和决策制订、特定时刻的计算或集成等系统使用、操作控制和数据生成及存储。

2．机器人流程自动化（RPA）

机器人流程自动化是一项旨在减少人为干预计算机应用程序的技术，尤其是在每次迭代中变化很小的重复性任务中。RPA 主要通过与"高级"应用程序交互来工作，这些应用程序是图形界面级别的软件层，而非机器语言或编程代码。简单来说，它是一种模拟人类与传统计算机应用程序之间真实交互的软件。

3．人工智能（AI）

人工智能是机器对人类智能的模拟。换句话说，它是试图创建能够像人类一样学习和推理的系统的学科。人工智能还包含其他概念，例如，机器学习、深度学习、自然语言处理、视觉识别、大数据等。

通过结合使用人工智能和 RPA，公司可以实现端到端的流程自动化。典型的端到端流程涉及结构化和非结构化数据，例如，使用 AI 接收文档、分类、理解含义并将所需的操作传递给 RPA。智能自动化的实施如图 8.3 所示。

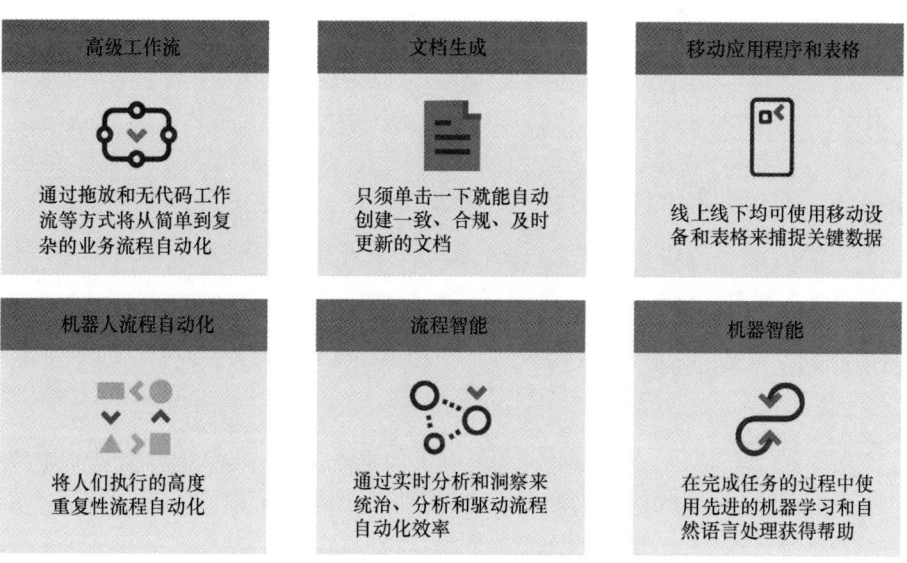

图 8.3　智能自动化的实施

图 8.3 展示了智能自动化实施的要素。智能自动化代表了下一代企业自动化解决方案。它是自动化工具箱中的功能包，可以扩展流程优化的范围和程度，同时保证分配给机器和人员的工作是平衡的，以最大限度地提高生产力。此外，商业用户可以理解并设计智能自动化，使企业不仅可以通过相互协作的机器 / 人员来提高生产力，还能以透明的方式操作自动化设备。为了实现投资回报，业务用户必须战略性地确定应用智能自动化的方式和位置，以及所要使用的功能。在早期 / 探索阶段，通过简单的"获取—处理—分析—交付（Achieve Process Analyse Peliver，APAD）"框架来思考流程可以初步明确需要关注哪些自动化功能，同时保持对当前业务问题的理解。

- **获取**。如果一个流程从输入数据开始，那么该数据是如何获取的？它是被扫描进来的吗？它是通过电子邮件以数字格式被发送的吗？它是标准格式吗？还是存在变异性？这些问题用来说明使用 RPA 之类的功能来进行数据获取，相较于认知捕获甚至是虚拟语音代理是否有意义。

- **处理**。一旦数据被获取，需要对其进行怎样的处理？表单输入是否跨多个系统进行？是否需要迁移到特定的数据库中？这些问题的答案将表明 BPM 工作流功能或 RPA 在智能自动化解决方案中的意义。

- **分析**。在对数据进行初始处理后，或在处理的过程中，是否需要综合多个来源的信息以得出结论或做出预测？是否有必要测量处理数据中的情绪或语气来影响下游情况？明确这些问题将得知对机器学习和高级分析功能的需求程度。

- **交付**。应如何将信息交付给业务用户或用户？哪些信息点对他们最重要？他们需要采取什么行动？这不仅会表明返回给相应人员的内容，还会让我们知道自动化流程中发生的活动是如何被上报的，从而提高自动化流程的透明度并促进自动化与人员之间的进一步整合。

智能自动化正在从根本上改变未来的工作。工业革命时期专注于人类和实体机器的协同工作，以及蒸汽动力和电力等技术的进步，下一场革命的标志是企业能够智能且成功地部署多个方面的自动化解决方案，这些解决方案可与员工密切合作，以改进服务交付方式、创意产生方式及用户服务方式。智能自动化无论是直接被用于提高对用户的服务水平，还是在内部为员工重新夺回时间和精力以专注于更多以目标或任务为导向的工作，其结果都可以推动企业向前发展并增强其竞争优势。

随着越来越多的业务流程变得自动化，最佳实践要求 IT 保持咨询和知情，以确保自动化解决方案以安全、一致和可扩展的方式工作。例如，IT 需要承担托管企业自动化技术的责任，确保有足够的内存和处理能力来运行它们，并将自动化集成到安全框架中。在其他模型中，可以授权业务利益相关者在 IT 建立的框架内构建自动化解决方案。这些业务用户自己设计、构建和监控机器人的性能，与 IT 密切合作，并最终部署机器人。这种方法可以使企业掌控 RPA 的所有权并以最适合其需求的方式工作。不同的 AI 功能与 RPA 的集成有助于企业或组织将自动化扩展到更多流程，不仅可以充分利用结构化数据，还可以充分利用越来越多的非结构化信息，轻松地分析、处理用户交互等非结构化信息。数据被结构化后，对预测分析等流程后续步骤有很大帮助。

成本降低及劳动力和流程效率提升是推动许多组织或企业对自动化产生浓厚兴趣的原因。鉴于大多数组织或企业仍处于采用 RPA 和支持 AI 的自动化的早期阶段，制定总体自动化战略并开发映射到特定业务成果的用例对于成功实行 IA 至关重要。

8.3　智能自动化示例

智能自动化适用于多种行业或企业应用。智能自动化的应用实例可以分为

决策制订和实际任务执行两大类型，其部分应用如下。

1．金融服务

投资经理使用智能自动化来检查研究数据以确定一致性。智能自动化系统能够通过大量数据发现不一致之处，这往往是人类无法做到的。

2．医疗保健

有了大量的医学研究数据，机器人可以根据患者的症状和病史提出替代治疗方案。与医生必须投入大量时间调查病例相比，这样做可以更快地诊断和治疗，而关于治疗的最终决定仍然取决于医生。WellPoint 公司是一家健康保险供应商，它实施了一个基于 IBM Watson 认知计算技术的利用审查系统。经过大约 15000 小时的培训，该系统现在能够理解非结构化的应予治疗处方，并将其与 WellPoint 公司的医疗政策和指南相匹配。这使系统能够就有关患者的治疗提供更快、更明智的决策，从而节省大量的时间和成本。

3．工作流软件和条件逻辑

在任何流程中，即使是自动化流程，其连续的步骤有时也要取决于先前完成的任务的逻辑结果。典型的自动化系统无法处理此类任务。智能自动化系统能够分析类似情况的过往数据，并决定工作流的方向。

4．分拣产品

Kiva Systems 为 Crate & Barrel 和 Walgreens 等公司开发了机器人，这些机器人能够在仓库中工作和行走，并且在工作时不会与任何障碍物、其他机器人或人类发生碰撞。这些机器人提高了分拣产品的效率。

5．人机协作机器人

早些时候，通过开发和程序设计后的机器人仅用来执行特定的任务，并且出于安全原因（例如，从事高危作业或有害环境等）将它们与自然人的工人完全隔离开来。目前，大众汽车公司推出了人机协作机器人，这些机器人能够识别附近的工人并对具体情况做出判断和反应。因此，人类和机器人现在能够在不需要担心安全问题的情况下和谐合作。

保险业务流程大致可分为 3 类：战略流程、基于知识的流程和事务性流程。保险行业中的智能自动化示例如图 8.4 所示。

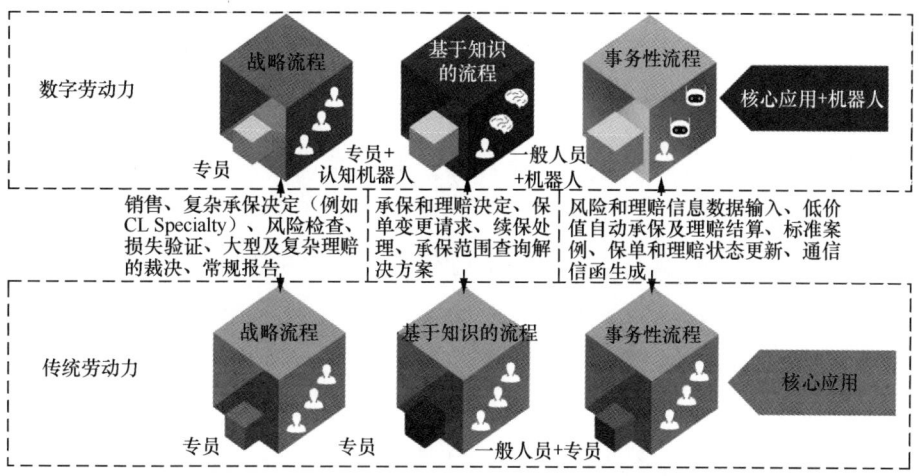

图 8.4　保险行业中的智能自动化示例

6．战略流程

例如，针对大型复杂风险的承保和理赔决策、风险检查、损失验证（定损），这些在智力上要求更高的流程最好由专业承保人和理赔员来完成。

7．基于知识的流程

该流程需要部分智能化，例如，中等复杂案例的承保和理赔决策、涉及财务处理的保单变更请求、续保处理、承保范围查询解决方案，可以部分自动化，而一般承保人和理赔员可以在有限的范围内进行干预。

8. 事务性流程

该流程包括风险和理赔信息数据输入、简单标准案例的自动承保和理赔结算、通信信函生成等，具有非常高的自动化潜力。

智能自动化是自动化的进化版本，机器模仿人类行为并拥有自然语言处理、语音识别、计算机视觉技术和机器学习等认知能力。这种具有自动化智能的机器能够理解海量的结构化和非结构化数据，并随时随地对其进行分析、理解和学习，能够智能地将流程自动化，从而提高运营效率和业务效率。数字世界中的自动化概念正在不断发展，技术也在不断进步，越来越多的人脑功能被添加到机器中。智能自动化技术不同于普通的 IT 自动化，因为它额外集成了机器学习和人工智能的功能。智能的自学习和应用在时间和投入方面为业务带来了更高的效率，并提升了用户体验。

8.4 智能自动化的挑战

智能自动化和 RPA 工具能够高效、精准地自动执行重复性和乏味的任务，让员工能够有机会腾出时间去做更多高价值的工作。相应地，这有助于企业或组织提供更好的用户体验、提高业务敏捷性并提高生产力。虽然智能自动化和 RPA 在每个行业中会有一定的应用，但企业面临许多运筹上和技术上的挑战，例如，从制订业务实例到自动化，再到实施和嵌入技术等。

1．对数据治理的需求

智能自动化需要大量的数据才能执行智能操作。企业或组织需要将数据作为一种资产来关注和对待。数据治理作为规则和工具的组合旨在提高数据的完整性、可用性和就绪性，这对企业实施智能自动化是一项挑战。

2．聘请数据科学家的需求

智能自动化使用一种不同类型的软件来模拟人类的思维过程并以概率方式做出决策。因此，关键的动作需要聘请数据科学家来帮助完成。

3．对劳动力进行再培训的需求

智能自动化驱动劳动力转型，这意味着组织或企业需要对员工进行再培训。

4．扩展技术的需求

智能自动化具有许多单独的感官能力，从使用图像识别扫描照片到口语转换为文本，再到根据过去的行为预测未来。因此，扩展这项技术对于实现真正的业务转型至关重要。

5．安全问题

对于智能自动化而言，最大的安全问题出现在人机交互点。例如，自动化财务报告过程中的人为错误可能导致数周时间精力的浪费及公司报告的延迟发布。其他需要考虑的安全问题包括恶意访问、数据丢失、黑客攻击、特权滥用、漏洞和恶意软件，需要使用加密数据和多层身份验证等安全协议，同时减少访问权限并要求对某些流程进行人工验证。

8.5 小结

智能自动化提供了更全面和实时的业务绩效概览，能够使企业或组织受益，同时带来新的可衡量性标准，支持自动化处理和报告的合规性，并使各职能部门能够专注于为内部和外部提供更好的用户体验。此外，实施智能自动化工具的迭代和细粒度性质意味着适度的前期投资能够带来可观的回报。

我们不仅要对技术和工具有深刻的理解，还要对其实施及其在全局运营流程中的应用有相当的经验，只有在此基础上将技术和工具进行匹配，才能最大限度地凸显智能自动化的变革性优势。智能自动化是一个与数字化转型相关的术语，其优势是定义更加清晰，能够通过结合 BPM、RPA 和人工智能等技术提供解决方案。一个理想的案例是企业以与用户、系统、数据和文档相关的工作流（使用 BPM）为主要结构，在特定时刻和任务中使用 RPA（解决以往人工任务中的瓶颈），并基于人工智能由管理者和自动化共同做出决策。

智能自动化的主要目标是改善端到端的用户体验、提高员工的生产力、节省时间和成本、摆脱重复性工作并使员工能够专注于为企业增加价值的工作，例如，创意改进、制定新的战略和解决方案，以及做出决策等。

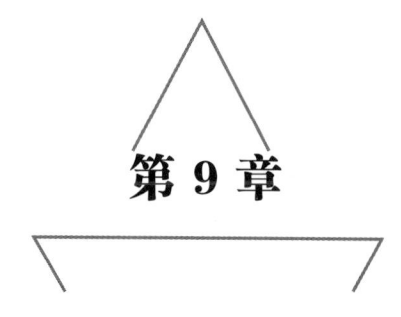

第 9 章

认知自动化

认知被定义为通过思想、经验和感官获得知识与洞察的思想行为或过程。认知是人类所拥有的最杰出的能力之一，它可以帮助我们取得成功并应对非凡的挑战。人工智能的进步与计算能力相结合，使打造能够像人类一样从经验和可用数据中学习的机器成为可能。这可以通过使用各种数学模型和机器学习技术将人类的认知特性模仿到可编程机器中来实现。这些认知系统可以随着它们的发展进行推断、假设、适应和改进，其功能主要应用于医疗保健、制造、机器人、用户服务和金融服务等领域。

认知自动化（Control Automation，CA）是一种基于知识的技术，机器通过多次类似人类的对话和行为来了解人类的说话或行为方式并定义自己的规则。认知自动化是人工智能（Artificial Intelligence，AI）和认知计算的结合，以使信息密集型流程智能化的软件为基础，它通常与机器人流程自动化（Robotic Process Automation，RPA）相关联。利用 AI 技术，认知自动化能够扩展并改进与 RPA 相关的操作范围，在成本节约和用户满意度提升方面有明显的优势，并且在使用非结构化信息的复杂业务流程的准确性方面大有益处。

认知自动化是指能够学习规则、理解语言、进行有目的的推理及与人类自然互动的人工智能软件系统。它不需要显式编程，而是通过与环境交互并从经验中学习。认知自动化是 AI 的一个子学科，是结合人类思维和机器学习能力的组合体。它使用各种技术来模拟人类的思维过程，例如，机器学习、自然语言处理、文本分析、数据挖掘和模式匹配等。

非结构化数据很难用规则或基于逻辑的算法进行解释，需要复杂的决策。智能 / 认知自动化是获取非结构化数据、理解数据、格式化数据，进而将其传递给更传统的 RPA 机器人进行规模处理的方法。它是一个自我学习系统，通过观察、评估和决策的步骤来模仿人类大脑的工作方式。

RPA 和认知自动化的集成可以通过高效处理结构化和非结构化数据来提供

端到端的自动化解决方案。例如，可以通过语音识别和自然语言处理从音频、语音、图像或文本中提取和学习，并将这些信息传递下去以辅助 RPA进行下一步操作。因此，认知 RPA 能够通过提高用户满意度和增加收入来转变业务战略。认知自动化与 RPA 的集成如图 9.1 所示。

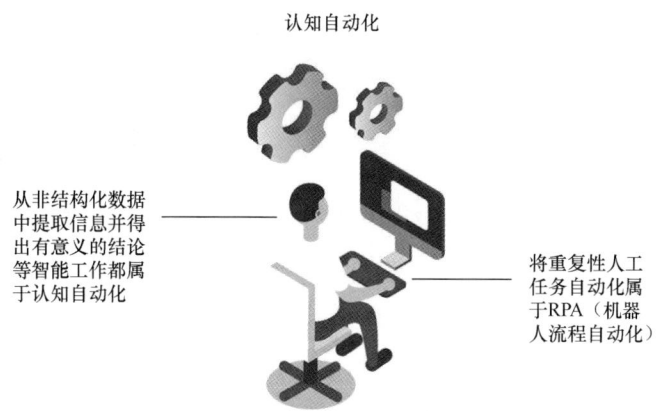

认知自动化

从非结构化数据中提取信息并得出有意义的结论等智能工作都属于认知自动化

将重复性人工任务自动化属于RPA（机器人流程自动化）

图 9.1　认知自动化与 RPA 的集成

在新的经济环境下，组织或企业面临的挑战包括提高效率、强化敏捷决策、保持核心竞争力、确保用户忠诚度和合规性等。事实证明，认知自动化能够通过优化日常活动及整个业务来有效应对这些关键挑战。认知自动化带来的优势包括降低成本、提高合规性和整体业务质量、提升运营可扩展性、减少周转时间及降低错误率等。所有这些都会对业务灵活性和员工效率产生积极影响。

认知技术是模仿学习、推理、识别、语言处理和其他认知功能等人类大脑功能的技术。在数字世界中，企业紧跟趋势的唯一方法是拥有迎合消费者不断变化需求的数字基础。无论企业处于数字化转型的哪个阶段，这一过程都是连贯的。如今，由学习和语言处理等认知技术组成的创新技术正推动更大的转型与变革发生，它帮助人与机器更自然、更有效地进行交互。认知行为框架的要素如图 9.2 所示。

认知技术的发展不仅依赖于大数据的发展，也得益于使认知技术成为可能的支持技术已达到足够先进的状态。换句话说，人类每天都在产生大量的数据，因此企业比以往任何时候都更需要智能机器来帮助整理、处理、理解和分析这些数据，以便做出更合理和精准的决策。

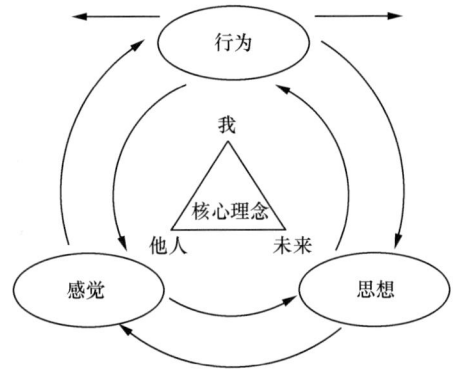

图 9.2　认知行为框架的要素

在数字化转型不断驱动原有老旧系统和运营业务现代化改造的同时，认知企业代表着企业发展的下一阶段。与数字化转型一样，认知企业也是一个永无止境的进化过程，在这一过程中敏捷的方法论、思维方式和领导团队是核心基础。新技能要求领导者以不同的方式思考并解决现有问题，以及提出不同的方案来解决尚未确定或尚未考虑到的问题和机会。认知企业由新的数字大脑或认知业务操作系统提供支持。随着技术的不断发展和人类生产的数据量不断增长，对能够帮助处理、分析和理解数据的认知系统的需求也将继续增长。以下是认知技术辅助处理数据的一些方式。

- 供应链优化。
- 金融市场预测。
- 消费者行为预测。
- 公共安全问题的管理。
- 疾病的治疗和预防。
- 交通管理与优化。
- 组织管理与优化。

随着发展步伐的加快和越来越多的认知技术在工作场所的广泛应用，组织对培训的需求将变得更加迫切。技能和人才短缺将妨碍组织跟上技术变革的步伐，而且随着变化的日益增多和新技术的出现，这个问题愈发严重。

认知自动化能够创造新的效率，同时提高业务质量。随着各行各业的组织将认知自动化作为其数字和业务转型战略的核心，人们对更先进的功能和智能工具的兴趣也日益增强。

9.1　认知智能

认知智能是计划、推理和使用逻辑推理解决问题的能力，以及在应对环境变化并从中学习的同时应用抽象思维的能力。认知计算释放了包括隐藏的非结构化、未使用的数据在内的所有数据的潜力。企业需要的大部分数据都是非结构化和未使用的。一旦能够同时访问结构化和非结构化数据，就可以获得新的洞察。认知系统能够像人类一样理解图像、语言和其他非结构化数据，并且可以推理、掌握基本概念，形成假设和推断，以及提取观点。借助每个数据点、交互和结果，认知系统会发展和强化专业知识，并且不会停止学习。凭借看、说和听的能力，认知系统能够以自然的方式与人类进行互动。

认知系统的优势包括以下几个方面。

- 访问可用数据。
- 填补组织能力差距。
- 实现成本支出的可见性 / 控制。
- 确保流程一致性。
- 获取工具和技术。
- 克服领导力挑战。

9.2　认知自动化的优势

认知自动化的优势包括：通过执行高度复杂的流程和处理大量非结构化数据提高业务的敏捷性；通过减少人为错误提高服务质量；提升智能洞察水平和减少停机时间。认知自动化通过结合人类的力量，即深度思考和解决复杂问题的能力，以及机器的力量，即读取、分析和处理大量数据的能力，来提供协作解决方案。因此，它能够扩展人类认知的界限，而不是单纯地取代或复制人类大脑。此外，认知系统在计算机和人类之间创造了一种自然的交互，并将其与随着时间推移进行学习和适应的能力相结合。此类系统的另一个要素是机器学习的有效利用。认知自动化的重要性如图 9.3 所示。

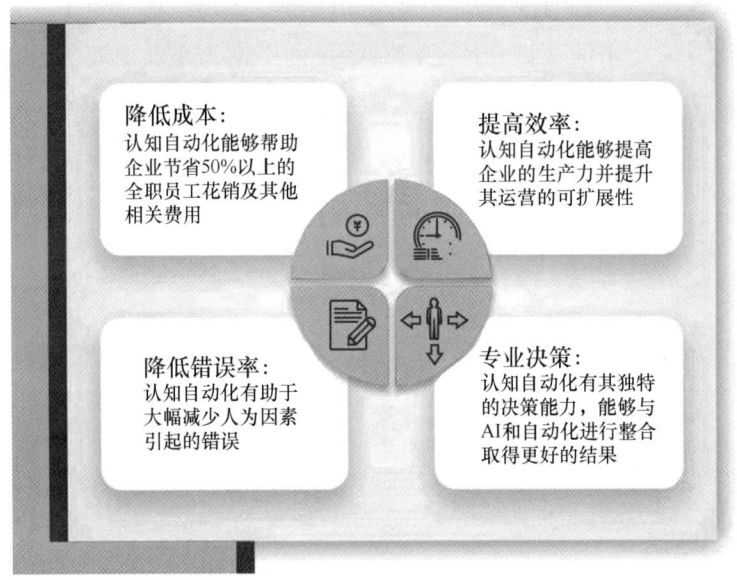

图 9.3　认知自动化的重要性

关于认知自动化的优势，列举如下。

● 比人类速度快得多。

- 高度准确（消除人为错误）。

- 极具成本效益。

- 可扩展而不受人数限制。

- 更好地利用有限的人力资源完成更高价值的任务。

- 可预测且具有一致性。

- 全天候可用。

- 与现有技术兼容。

技术格局已经转向认知自动化。未来，认知 RPA 将用于监控应用程序健康、优化测试和维护自我健康。认知自动化在这些方面的优势包括以下几个方面。

- 通过减少停机时间和提高智能洞察力，提供较好的服务。

- 自主学习和认知计算将大幅降低运营成本。

- 提高业务性能和处理速度。

- 不需要任何人工干预即可识别模式并运行诊断以解决问题。

- 软件机器人在提取和处理数据方面比人类操作更快，从而增加了在既定时间限制内能够完成的工作量。

- 自然语言处理是一种用于认知计算的工具，能够通过解决消费者报告的关键事件来更有效地进行沟通。

认知自动化能够提高效率并同时提高业务质量，它可以通过机器学习、自然语言处理、图像识别和预测分析来模仿人类的动作和学习人类的经验。认知自动化正在不断地提高理解、推理、学习和交互的能力。这些系统能够理解非结构化数据、图像和语言，并以虚拟方式操作结构化和非结构化数据。它们可以推理、形成假设并提取观点，也能够通过每次的交互和结果不断学习、适应并增加专业性，并通过它们看、听、说的能力与人类自然地进行互动。

9.3 认知设计原则

认知系统能够理解任何类型的数据并与多个数据源通信以处理结构化和非结构化数据，并在此基础上生成有价值的洞察或建议。自然语言处理、文本到语音的转换、语音到文本的转换都在认知系统中被广泛使用。设计认知系统涉及迭代的过程，应包括识别、定义、头脑风暴、原型设计、实施、评估、确保 7 个基本步骤。这些并非线性或僵化的连续步骤，因此，在实施过程中，我们可以根据每个步骤的结果从一个步骤跳转到另一个步骤。认知设计原则如图 9.4 所示。

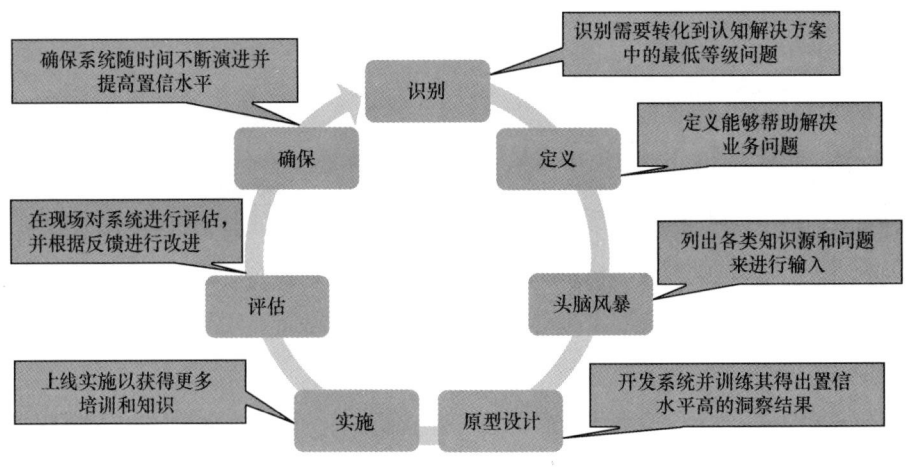

图 9.4 认知设计原则

认知模型的成熟度是通过认知流程给出的建议或采取的行动的置信水平来衡量的。因此，提高系统的置信水平在确保认知流程的成功方面起着至关重要的作用。许多因素都会影响置信水平，具体取决于它可以访问的数据。在正常情况下，基于对认知系统给出的建议所采取的人类行动，可以提高其置信水平。这些建议是能够自我进化的，因此，需要人工干预来更新情境并提高置信水平。认知智能已成为协助人类处理大部分日常活动的有益帮手。然而，增量学习所涉及的漫长过程、认知模型理解世界语义的能力及在意外情况下做出决定和行动的能力仍然是人类面临的挑战。但在未来，人类思维可以通过认知可穿戴设备获得帮助，该设备随着我们的成长可以不断升级。

9.4　认知自动化和流程挖掘

流程挖掘用于构建流程。业务应用程序的执行能够生成用于分析和推理业务应用程序状态的数据。流程挖掘使用此数据自动构建原本的流程模型。要定义流程模型，需要进行大量的结构化工作，这些工作可以通过具有流程挖掘功能的机器来完成。通过自动化，原本的流程可以帮助评估投资回报率（ROI）预期，并提供更好的用户服务。

确定要对哪些流程或任务进行自动化是需要付出成本的，包括时间成本、投入咨询规划的人工成本等。这些成本投入是自动化的挑战之一。而传统流程中，这些工作是由项目执行团队集中完成的。认知自动化方法意味着机器人不仅可以完成工作，还可以随着时间的推移提高工作效率。机器人可以通过观察正在完成的工作任务来进行操作，并从中找到解决方案以使其自动化。这些机器人可以通过以下方式运行。

- 记录用户行为。
- 挖掘并理解行为。
- 绘制流程的所有步骤。
- 建议自动化。

构建流程的自动化还有更多的应用，包括流程策略、建模、实施、执行、监控和持续流程改进等。因此，智能流程挖掘可确保流程高效，消耗较少的时间来达到成本降低的目的。认知自动化在企业级别部署时将产生较大影响。因此，整个企业都会感受到它的影响力，这也意味着认知自动化必须获得整个企业的支持。从管理层到将受到自动化影响而重新调整各自职能的团队，再到需要部署和维护机器人及相关技术的 IT 部门，认知自动化会对整个企业产生切实影响。解决此问题的一种推荐方法是确定各个部门的流程支持者，并使他们成为卓越认知自动化中心的一部分。这样能够优化决策，同时确保所有利益相关者参与其中。展示自动化成功和加快组织支持的一种快速方法是从小处着手并取得短期成效。一旦认知自动化流程开始，那么确保企业所有相关部门之间的协调至关重要，包括业务流程所有者与 IT 职能和数据分析职能的密切合作，以实现最大收益。确保认知自动化被视为一个持续的、不断发展的过程而非一次性的工作十分关键。这将确保企业能够从机器学习、聊天机器人、自然语言处理、计算机视觉等新兴技术中受益，并满足用户和监管不断变化的需求。

9.5　认知自动化的应用

认知自动化使用复杂先进的技术，例如，文本分析、数据挖掘、语义技术、机器学习和自然语言处理等，对人类如何交流和定义规则做出更直观的判断和感知，以确定所有情况的最佳解决方案。在商业中，认知自动化在许多应用领域都能发挥作用。

- **发现合同和发票之间不匹配的问题**。认知自动化应用程序可以用来发现合同和发票之间不匹配的问题。当发现相应情况时，系统可以发出警报以进行必要的更正。

- **银行业应用**。认知自动化可用于满足用户的需求，可利用公共记录、扫描文档和手写的用户输入来执行所需的检查。完成检查后，文件可用于处理贸易融资交易。处理国际贸易交易需要文书工作和监管检查，包括制裁检查和适当的买卖双方分配等。

- **保险业应用**。在保险行业，认知自动化在多个领域中得到应用。认知自动化可以用来提取保单中的数据及保单变更所带来的影响，从而对保单变更做出自动决策。认知自动化还可以用于理赔处理，根据政策和理赔数据对理赔做出自动决策，同时向支付系统下发通知。

- **医疗保健**。认知自动化为从事特定任务的人员提供认知输入以辅助分析。因为它会随着新数据添加到系统中而形成新的连接，所以能够不断学习并适应新信息。例如，在医疗保健行业，认知自动化可以帮助供应商更好地了解和预测产品对患者健康的影响，可以执行收集和解释诊断结果、向医生建议数据库中的治疗方案、配药等许多高价值服务，既有利于患者的治疗，也能够改善业务成果。

不同 AI 功能与 RPA 的集成有助于组织或企业将自动化扩展到更多流程，不仅可以充分利用结构化数据，还可以充分利用越来越多的非结构化信息。用户交互等非结构化信息可以被便捷地分析、处理，并结构化地为预测分析等后续步骤提供有用的数据。

9.6　小结

认知自动化能够执行需要大量人类思维和活动的复杂任务。认知自动化基于能够使信息密集型流程智能化的软件，通常与机器人过程自动化相关联，成为人工智能和认知计算之间的联结。利用人工智能技术，认知自动化能够扩展与 RPA 相关的操作范围，在成本节约和用户满意度方面具有优势，并在使用非结构化信息的复杂业务流程的准确性方面大有益处。认知自动化需要使用不同的算法和技术方法来支撑，例如，自然语言处理、文本分析和数据挖掘、语义技术和机器学习等。

认知自动化擅长处理涉及大量非结构化数据集的任务。一般情况下，这些任务需要系统通过自学优化决策和拥有像人类一样对情境的理解。例如，通过认知自动化，采购经理不仅会得到一份列出最佳选择的采购候选名单，还会得到来自现有用户的社交媒体反馈或者贸易杂志的分析报道等智能推送。这些信息可以更全面地反映企业所提供的服务质量。在金融领域，认知自动化可以找到与股票市场投资者的每个决策相关的要点。在零售业，认知自动化可以影响消费者的购买决策。认知计算是解锁复杂工作流自动化的关键。认知自动化建立在 RPA 的高品质之上，并引入额外的复杂程度和情境适应。

与机器学习或深度学习等其他类型的 AI 不同，认知自动化解决方案能够模仿人类的思维方式。这意味着使用自然语言处理、图像处理、模式识别和情境分析等技术可以进行更直观的跨越、感知和判断。认知自动化包括学习、发现和提出建议或预测流程自动化的应用程序，也包括质量管理调查和推荐系统、诊断和治疗系统、自动化用户服务代理、自动化威胁情报和预防系统，以及欺诈分析和调查等其他应用程序。另一种理解认知自动化的方式是至少部分认知自动化通过关联来进行学习。它采用非结构化数据来建立关系并创建索引、标签、注释和其他元数据，同时试图找到与发票、采购订单编号、送货地址、资产、负债等特定业务流程相关的条目之间的相似性。

与其他类型的 AI 相比，认知自动化有许多优势。其中一个优势是，认知自动化解决方案经过预先培训，可以将特定的业务流程自动化，因此，只要更少的数据就能够发挥作用。随着新数据被添加到认知系统中，系统可以建立越来越多的联系，这使认知自动化系统可以在无监督的情况下继续学习，并不断适应它们所获得的新信息。就像企业根据市场动态情况调整战略一样，根据处理的数据和工作流情境中的演变，认知自动化可以调整用于创建信息的规则。当它与其他认知能力结合时，将会创建一个更直观的企业运作模式和一个人类可以轻松自然地与之交互的信息架构。例如，聊天机器人可以连通员工和他们所需要的信息，员工使用自然语言搜索请求信息，聊天机器人识别员工在组织中的相关职位和角色，检索包含该信息的文档，并自动屏蔽文档中包含的任何其他机密信息。如果更高级别的人查看同一文档，那么他们能够看到更多的信息。

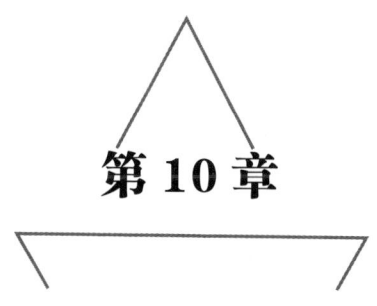

第 10 章

区块链

区块链是重新连接互联网并使老旧架构和集中提供的服务面临边缘化威胁的技术层。区块链的核心是向网络注入信任，试图阻止中介机构提供相关功能，并颠覆这些中介机构的运营。例如，区块链能够为运行新一代"去中心化"服务和软件应用程序带来难以置信的韧性和吸引力。区块链技术很难理解，因为除了技术能力，区块链还涉及文化、哲学和意识形态基础。

区块链技术在给定过程中创建交易分类账。每个分类账的条目都是自主的，因此，可以提供对现金流的洞察并增加额外的安全性。由于区块链不会轻易损坏，所以它是安全交易的支柱。区块链技术可以跟踪任何有价值的物品，因此，在运输和在线零售中的作用明显。

10.1　区块链是如何工作的

区块链能够促进安全的在线交易，是一种"去中心化"的分布式数字分类账，能够用于记录多台计算机上的交易，因此，在不改变所有后续区块且未获得网络共识的前提下，无法追溯更改记录。这使参与者能够准确地验证和审核交易。关于区块链究竟是何种事物存在很大的困惑和争论，有些人认为区块链已经成为一个毫无意义的流行语，但其标准定义描述了一个共享的、"去中心化"的、加密安全的、不可改变的数字分类账。从最广泛的意义来看，区块链允许一群人就事态达成一致，并在该契约的基础上共同前进。区块链的基本要素包括以下几个方面。

- 多方网络，价值在网络中流动。
- 每个人都维护一个区块链（共享复制分类账）。
- 区块仅可附加且防篡改，交易被记录在每个区块中。
- 任何交易都需要在上链之前通过智能合约和共识并得到各方同意。

- 智能合约在可执行程序中定义不同组织之间的规则，应用程序调用智能合约可生成记录在分类账上的交易。
- 共识被定义为对组成一个区块的一组交易的正确性进行的全范围验证。

区块链技术的工作步骤示意如图 10.1 所示。区块链旨在取代银行这样的强大中间商，从理论上讲，区块链可以取代不同类型的机构，例如，信用机构和社交媒体等为保护不断变化的历史记录而存在的机构。这些"中心化"实体因其托管服务而获得丰厚的报酬。理论上，区块链提供了解决复杂协调问题的新机会，并且无须让协调者在此过程中获得相当多的价值。区块链为"去中心化"的世界指明了道路。松散的企业文化和数字网络文化走在一起，感觉像是一个实验发酵的特殊时刻。这些早期区块链创新者中的大多数只是获得了原始"加密货币"的源代码，进行了首选设置的更改，并推出了替代版本。

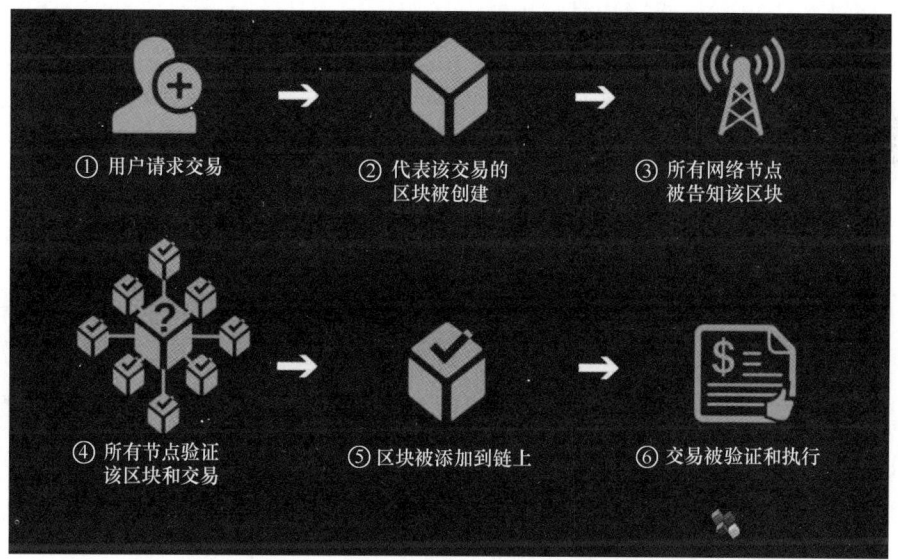

图 10.1　区块链技术的工作步骤示意

10.2　区块链的潜在用途和应用

为降低成本、提升效率，大多数企业采用共享服务的模式将企业内部的财务会计、人力资源、工资发放、IT 运营、法律、合规、采购和供应链等服务共享给全企业使用。

区块链技术在共享服务中有许多应用，可以为企业的共享服务组织提供效益最大化。从不可变更记录、时间戳、成本、劳动力和时间削减到自动化，这些都可以通过区块链解决方案实现。区块链能够在不涉及第三方的情况下追踪所有权，这种创新能力颠覆了当前的商业模式，打开了"去中心化"交易的大门。试想企业与外部市场之间的多种互动：交易的一个关键障碍是独立的各方都需要等待规定指令获得许可，因此，往往会造成交易放缓。使用区块链后，这些类型的交互会预先获得批准，并在基于分布式分类账技术的网络中即时发生，同时网络中存储着实时批准交易所需的信息。在共享服务中心建设领域，区块链为 P2P（从采购到付款）和供应链流程带来了机会。例如，区块链消除了电子开票流程和对账的需要。这为大型供应商省去了烦琐的中间环节，避免了许多麻烦。因为供应链有电子订购、发票和确认收货等很多步骤，而区块链也支持用户与其所有供应商之间的共享分类账优化，所以供应链也很适合采用区块链技术。

企业内部交易存在许多痛点，这同样为区块链的应用提供了绝佳机会。任何可能存在"信任"问题的交易均可以通过区块链进行改善。例如，企业内部的跨境支付往往存在"仿佛在向第三方付款一样"的障碍。需要注意的是，无论交易额度大小，频繁的交易都值得改进。虽然可以通过共享服务在内部应用程序中体现区块链的价值，但是只有将区块链用于与第三方的外部交易，才能真正从中获益。

以下是区块链技术的一些潜在应用。

1．付款处理和转账

区块链最合乎逻辑的用途是作为一种加速器应用在企业支付环节帮助资金从一方快速、安全地转移到另一方。如果银行能从这一过程中被移除，并且交易验证能够"7×24"小时全天进行，那么通过区块链处理的大多数交易都可以在几秒内完成。

2．监控供应链

在监控供应链方面，区块链也有很大的作用。企业不需要纸质记录，就能快速查明其供应链中的低效率环节，并实时定位产品。另外，区块链将允许企业甚至是消费者，从质量控制的角度查看并监控产品从原产地运往零售商过程中的实时状态。

3．零售会员积分制度

区块链可以成为管理会员积分的首选手段，从而可彻底改变消费体验。企业通过创建基于代币的消费者奖励系统，并将这些代币存储在区块链中，能够激励消费者再次光临某个商店或者其他连锁店购物，并且将消除基于纸张和卡片的会员奖励制度可能带来的欺诈和浪费。

4．数字ID

有许多人面临身份认证的困扰，即无法全面展示自身的属性以获取对应的信用。数字 ID 将为用户提供一种控制其数字身份的方法。这将允许人们获得金融服务或者自主创业的资金得到授信支持。

5．数据共享

区块链可以作为共享或出售未使用数据的交易市场，可以充当存储和转移这些未使用数据的中介，为许多行业带来经营和管理的改善。

6．版权和版税保护

随着互联网访问量的增加，音乐及其他内容的版权和所有权相关法律力度被逐渐削弱。有了区块链，这些版权法对数字内容下载的监管将大大增强，确保所购买内容的艺术家或创作者获得公平的份额。区块链还将为音乐家和内容创作者提供实时和透明的版税分配数据。

7．数字投票

区块链具有进行数字投票的功能，因为它拥有透明的属性，所以任何监管机构都能够在网络上看到数据或流程等是否发生了某些变化。它将数字投票的便利性与区块链的不易改变的性质结合，让投票真正实现公开、公平的目标。

8．房地产、土地和汽车所有权转让

区块链的主要目标之一是不使用纸张，纸质记录往往会因为错误或不一致产生混乱。买卖土地、房屋或汽车需要转让或获得相应的所有权。区块链可以将所有权存储到网络上代替纸质转让流程，从而可以清晰地查看相关转让流程，并可呈现合法所有权的最终情况。

9．食品安全

区块链可以追踪食物从源头到餐桌的过程。由于区块链数据很难改变，所以食品从原产地到超市的运输过程是可以追溯的。更重要的是，如果存在食源性疾病，那么采用区块链可以快速找到污染物的来源。

10．数据备份

区块链是一个备份数据的好方法。尽管云存储系统旨在成为数据安全保护的首选来源，但是它们无法免受黑客攻击，甚至存在基础设施故障等问题。

11．税收监管和合规

对于医药公司来说，透明度和不变性很重要，它们可以使用区块链作为销售记录方式以便追踪药物去向，同时向立法者证明他们始终严格遵守法律。

12．劳动权利

区块链还能保障员工的劳动权利。带有智能合约协议的区块链注册表可以验证、促进和执行合同，以监督雇主履行与员工签订的劳动合同。

13．病历记录

医疗行业已经开始取消纸质病历记录。除了存储患者记录，区块链还能为拥有访问数字记录密钥的患者提供更多的安全性和便利性，可以控制人们访问数据的权限。

14．股票交易

有时，区块链可以取代当前的股票交易平台来进行股票买卖。由于区块链网络验证和结算交易十分迅速，所以它可以使投资者在出售股票和寻求使用其资金进行再投资或提款时快速进行，避免等待多日。

15．管理物联网

物联网由可以发送和接收数据的多个无线连接设备组成。基于区块链的应用程序可以确定物联网上设备的可信度，并持续为智能汽车或智能手机等进入和离开物联网的设备执行此操作。

16．加快能源期货交易和合规

区块链可以为能源公司带来比目前速度更快的期货交易结算能力。需要注

意的是，区块链还可以帮助能源公司记录其资源并保持监管的合规性。

17．确保对财产或所有物的访问安全

区块链网络中的智能合约功能可以根据企业和消费者的需求进行定制。对于消费者，区块链可授权维修技术人员进入房屋，或者允许机械师进入汽车车厢进行维修。需要注意的是，如果未获得数字密钥，这些维修技术人员将无法访问这些场所。

18．追踪处方药

区块链可以成为一种透明追踪处方药的手段。鉴于处方会被退回并且确实存在假药，区块链使制药商能够根据序列号或批号追踪它们的产品，以确保消费者在药店购买的药品是正品。

10.2.1　财务管理领域的区块链应用

区块链技术可能会改变会计的属性。

区块链将形成一种在合乎监管要求的范围内极大地自动化会计流程的方法。从简化合规流程到加强普遍的复式簿记，企业可以将交易直接写入联合登记册，而不必根据交易收据再进行单独记录，从而创建一个紧密连接的会计记录系统。由于所有条目都是分布式和加密的，所以伪造或破坏这些条目来掩盖或隐藏活动实际上是极难的。这种方式类似于交易经由公证人验证，只不过以电子化流程完成。

以这种方式使用区块链的好处是，它将创建一个标准化的记录保存流程，能够使审计人员自动验证财务报表背后的大部分关键数据。这将大大减少审计所需的成本、劳动力和时间投入，从而让审计师有更多的时间用于可以增加价值的领域，例如，处理复杂交易或内部控制机制。

能够轻松证明电子文件的完整性是使用区块链的另一个优势。一种方法是通过生成该电子文件的哈希字符串来创建数字指纹。通过交易将其写入区块链后，该指纹会具有很难改变的时间戳。这样就可以通过再次生成指纹并将其与存储在区块链中的指纹进行比较，来证明该电子文件在任何后续时间点的完整性。如果指纹相同，则说明自第一次将哈希字符写入区块链以来文档没有发生改变。在此基础上做进一步扩展，整个会计业务处理闭环的每一步，包括所有相关文件，都可以在区块链上进行追踪。跨越多个部门或公司的整体业务流程也将易于追踪。区块链技术还允许智能合约（即可以在没有第三方的特定条件下执行的计算机程序）在检查已发出有效采购订单、已根据规格收到货物并且公司银行账户中有足够资金后，自动支付货款。

总而言之，区块链技术在财务管理领域的潜在应用包括簿记分录、发票和收据交换、文件批准、支付自动化、信用控制和审计流程等。

10.2.2　采购和供应链领域的区块链应用

区块链为采购领域带来了大量机遇。

区块链技术可以支持和优化整个 P2P 流程，用于从订购、开具发票到付款的全流程安全自动化。因为电子订购、发票和确认等步骤可能会拖延甚至中断，所以供应链也非常适合采用区块链技术。用户与其供应商之间的共享分类账将极大地支持和优化交易。例如，对于大型供应商，电子开票流程可以通过消除对账的方法来避免许多麻烦。

区块链、物联网和 AI 技术可以创建多维度、一体化的仓储解决方案，支持大宗交易。

第一，将存储管理和监控功能数字化以拥有数字资产所有权。这将有效降低管理成本，增强信任并最终建立数字仓单能力。

第二，建立大宗交易行业仓单联盟链，通过公共注册/监控（包括实时状态、取消等）来规范整个行业的仓单和可追溯性，并面向各行业参与者开放。

第三，将资金数据、业务流程和物流转移到产业链上，使供应链的完全可追溯性得到可信数据的支持，并对供应链融资做出进一步创新。

第四，通过将业务、资金和物流"上链"，并整合行业上下游供应链，贸易商、分销商等中层参与者便可以利用受信任的"数字化资产"进行交易。这样能为交易所提供更多的交易选择，从而带来更多的供应链融资。

另外，区块链在供应链的各个阶段都有一些潜在的应用。在规划阶段，产品开发中的知识产权管理将受益于区块链，而在采购阶段，区块链技术可以用于自动重新订购、付款处理、货物签收和确认等流程。精确定位被盗产品、假冒产品和库存补货流程也将受益于区块链技术。其他应用包括供应链的销售/服务阶段的发票核对、产品退货管理及保修服务和维护等流程。配送阶段的物流可视化（跟踪和追踪运输）也可以应用区块链技术。

10.2.3　人力资源领域的区块链应用

人力资源管理中的许多细分领域可以从应用区块链技术中受益，包括员工身份识别、招聘流程及背景调查、获得学历证书和认证、全球员工的薪资计算与发放流程、福利管理、劳动合同与劳务合同、申诉管理及当前和过往的员工绩效评估记录存储等。从招聘的角度来看，访问存储在区块链上的潜在候选人的记录将减少招聘人员查找和验证有关教育水平、证书和工作成绩等信息的时间，并提升信息的真实性和准确性。凭证一旦被记录在区块链中，我们就很难更改、删除或造假。伪造的凭证看起来是真实有效的，但可以根据原始区块链记录进行验证，以确认其是否有效。即使候选人的学校合并或曾经所在企业破产重组，数字凭证也将保持自身的安全和可用。这意味着无论一个人打算在世界上的哪个角落找工作，其个人记录都可以被轻松、有效、准确地访问。

对于全球化的企业，区块链的好处在于可以更快、更低价地处理薪酬计算与发放，避免国际货币结算交易费用。没有了中介，付款可以在几个小时内而不是几天内完成——类似于跨境支付。

在人力资源福利、事件处理或付款方面，当员工有资格获得健康保险或其他福利时，区块链可用于启动这些福利。当员工试用期满时，区块链可以自动触发员工工资调整的流程。它甚至可以用于管理保密协议或竞业禁止协议等相关员工合约。

另外，员工评价和申诉或仲裁同样可以利用区块链技术。人力资源部门可以在区块链上存储过往和当前的员工绩效评估记录，以便获得访问权限的未来雇主可以查看此类记录。这将减少 offer 申请和入职过程所需的时间，还可以方便员工获取商业及雇佣协议和劳动合同。

全球咨询公司埃森哲和保险公司 Generali Group 的员工福利部门推出了用于员工福利的区块链解决方案。双方在 2019 年宣布了合作伙伴关系。Generali Employee Benefits（GEB）公司是员工福利解决方案供应商，也是意大利最大的保险公司和全球第八大保险公司的全球业务线。GEB 公司运营着全球最大的员工福利解决方案网络。区块链解决方案将促进参与专属自保保险和分摊服务再保险流程的各方之间的数据共享。另外，它还将通过使用智能合约和自动对账来提高程序的可靠性。专属自保保险是指由其被保险用户全资拥有的承保人，而再保险分摊服务是承保人用来提高其承保特定类型风险能力的一种风险融资机制。

区块链工具旨在创新和简化 GEB 公司现有的自保服务员工福利运营模式，涵盖人寿、残疾、事故和医疗保险等。据报道，该解决方案得到 Generali 集团的大力支持，并受到保险业协作区块链计划 B3i[1] 的启发。

---

1 B3i 是 The Blockchain Insurance Industry Initiative 区块链保险业计划的简称，成立于 2018 年，由全球 21 家保险业从业者持有，40 多家保险公司作为股东、用户和社区成员参与其中。B3i 旨在通过开发标准、协议和网络基础设施来消除风险转移中的摩擦，从而创造一个更好的保险业。B3i 股东和参与者均认为，新技术可以让保险的最终消费者能够更好更快地获得保险服务。

另外，该解决方案是 2018 年成功完成原型之后推出的，涉及世界领先的农业公司先正达及西班牙、瑞士和塞尔维亚的一些保险公司。通过为所有利益相关者建立系统、数据和流程的有效集成，该原型为员工福利部门带来了显著的益处，提升了数据质量并节省了时间和成本。GEB 公司的首席执行官表示，在提供无缝生态系统的过程中，"区块链不仅会改变我们的网络，还会改变我们印象中的员工福利行业"。

共享服务中采用区块链技术的潜在领域如图 10.2 所示。

采购和供应链管理	人力资源	财务和会计
订购、采购、发票、确认	员工身份验证	簿记条目
物流可视化：跟踪和追踪货件	招聘流程	交换发票和收据
信用证	获取学位证书和学历认证	批准文件
提单	国际员工的薪资流程	支付自动化
智能采购合同	福利管理	信用控制
被盗商品 / 假冒商品	雇佣合约	审核流程
库存补货	申诉管理	
产品退货管理	存储当前和过往的绩效评估	
保修管理		

图 10.2　共享服务中采用区块链技术的潜在领域

10.3　采用区块链的益处

每个流程都需要身份验证才能进行。过往的做法是采用集中核查的形式，即由分类账作为明确的依据。如今区块链提供了分类账，使各个流程分布于多方之间并由各方进行验证。更重要的是，没有任何一方可以操纵或改变它。因此，区块链消除或限制了对中心的需求和依赖。在共享服务中，采用区块链技术的预期收益是提高业务处理效率，提高业务真实性，降低共享审计风险，减少原件传输次数，降低运营成本，以及减少重复数据录入。另外，还可以降低执行共享软件代码的成本，并且不需要验证它是否得到正确执行。

区块链是一种分布式分类账技术，能够帮助组织或企业管理数据的完整性，同时使之满足监管需求。该技术已在多个垂直领域得到应用，包括医疗保健、金融、保险、制造、人力资源、法律等。使用区块链作为首选的数据完整性平台已成为现实。区块链通常被视为一种记录系统，它通过分类账来确保数据完整性，而分类账是很难删除或更新的分布式系统。换句话说，区块链能够确保数据的完整性，无论是公共区块链还是基于超级分类账的私有区块链系统，都可以轻松地被用作记录系统。区块链的益处如图 10.3 所示。

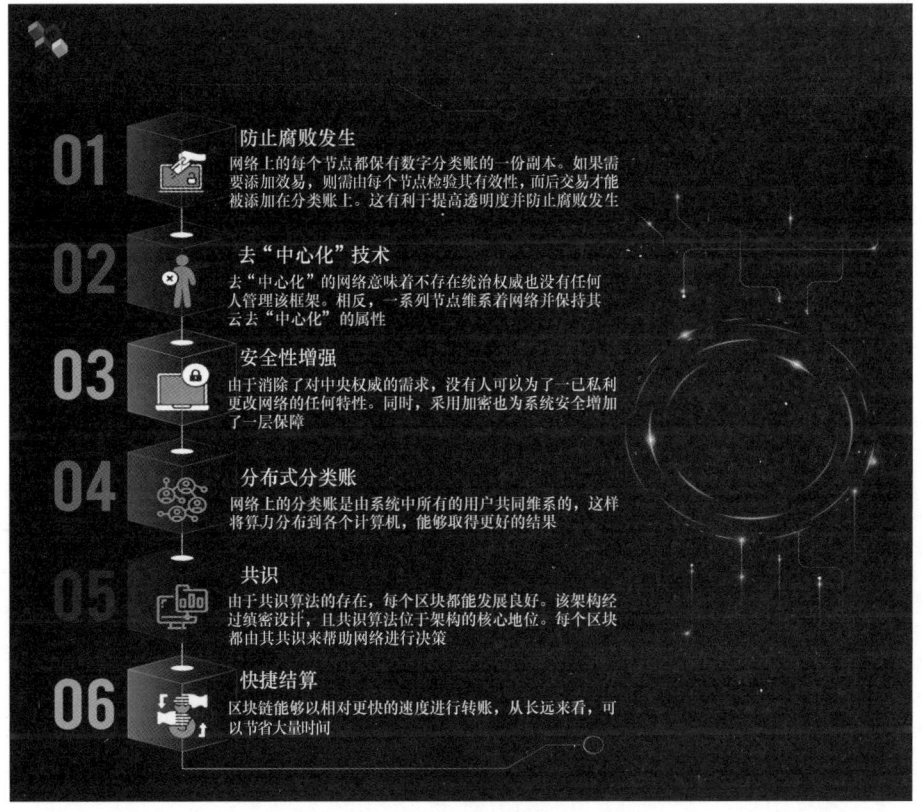

图 10.3　区块链的益处

10.4 实施区块链的挑战

组织或企业实施区块链面临的最困难的问题之一是如何证明区块链的业务实例是合理的。为了回答这个问题，组织或企业首先需要定义它们打算使用区块链解决的具体问题，并观察业务收益是如何实现的，这不是针对特定的职能，而是涵盖整个价值链。同时，需要评估一些关键参数，例如，质量成本、延迟时间、产品召回、假冒产品市场、诉讼成本等，以证明业务实例的合理性。

尽管存在明显的益处，区块链的真正应用却很少，问题在于使用区块链需要切实形成业务网络并将相关部分聚集在一起，每个参与方都必须签署一份共同的合同，并在超级分类账中共享数据才能使其有效运转，因此，需要行业之间达成一致意见并同意应用。另外，协调内部系统转型、供应商系统转型，需要确定在区块链中存储的内容、使用外部链还是内部链。这一切都需要企业自建的区块链与公共网络联盟之间建立信任关系，目前，互联网中尚未出现公认权威的区块链网络联盟。

其他的一些挑战包括难以定义和调整各方之间的标准、缺乏人才、高昂的实施成本和未来维护工作的复杂性等。区块链在教育市场中也存在挑战，因为很多人并不完全了解区块链技术，培养专业技术人才困难。因此，最大的挑战是让组织或企业采用区块链解决方案并找到专业技术人才来实施。如果实施成功，共享服务组织将真正受益。区块链实施的挑战如图 10.4 所示。

尽管区块链在数据可访问性方面拥有巨大潜力，但隐私仍然是公共区块链的一个大问题。虽然区块链的目标是使数据公正，但来自其他设备的敏感数据的存在可能会给个人和企业带来隐私泄露的风险。其中，一种解决方案是使用私有区块链，将数据的可用对象限制为区块链的所有者。

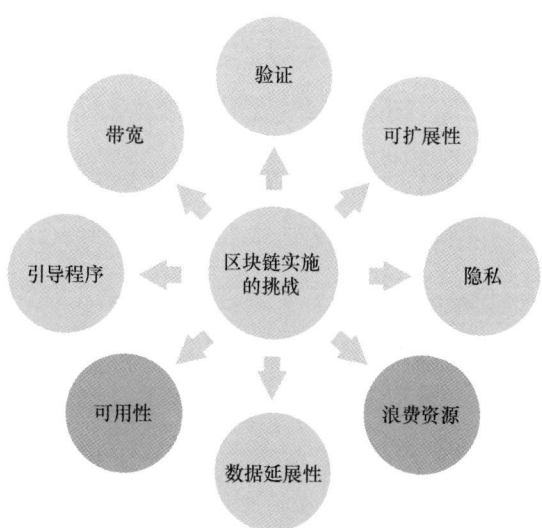

图 10.4　区块链实施的挑战

10.5　区块链治理

治理是指涉及创建、更新和放弃系统正式和非正式规则相关的所有行动，例如，决策过程。而规则包含在流程（发生某事时必须做什么）和职责（谁必须做什么）中。在区块链领域，存在多种此类规则可以转化为需要区块链治理的不同领域。区块链治理的最大动机是高效变革，换句话说，就是能够尽快解决问题并在需要更改的地方进行更改。区块链治理涉及与技术（即代码）和元治理（即改变治理过程本身）相关的所有主题。与技术相关的主题包括更改区块大小、修复错误和添加新功能等。

如果要使区块链治理发挥作用，则需要实施激励和协调方法。没有激励措施，成员将无法参与治理，导致区块链与用户需求不符。如果没有成员协调，则区块链网络不可能就变更达成一致。

10.6　小结

区块链是一种电子分类账，可以在不同用户之间公开共享，以创建很难更改的交易记录，每个交易记录都带有时间戳并与前一个交易相关联。每次添加一组交易时，该数据就会成为链中的另一个区块（因此得名）。区块链只能通过系统参与者之间的共识才能进行更新，一旦输入新数据，就很难删除。它是一种一次写入、多次追加的技术，因而拥有每笔交易可验证且可审核的记录。

区块链是一种分布式分类账技术（Distributed Ledger Technology，DLT），允许将数据全部存储在数千台服务器上，同时使网络上的任何人都能够近乎实时地查看其他人的条目。这使单一用户很难获得网络的控制权。在最简单的形式中，分布式分类账是一个由大型网络中的每个参与者（或节点）独立保存和更新的数据库。分布方式是独特的，记录不是由中心传达给各个节点，而是由每个节点独立构建和持有。也就是说，网络上的每个节点都会处理每笔交易，得出结论，然后对这些结论进行投票，以确保大多数人同意这些结论。

区块链的安全特性对会计和审计有很大的用处，因为它显著降低了人为错误发生的可能性并确保了记录的完整性。最重要的是，一旦使用区块链技术锁定账户记录，没有人可以对账户中的记录进行更改，即使是记录所有者也无法做到。区块链技术最终可以减少对审计员的需求和依赖。区块链的分布式分类账使其非常适合实时跟踪货物，追踪其在供应链全程中的移动和易手。使用区块链为运输货物的公司带来了多种选择。例如，在供应链将新抵达港口的货物分配到不同的集装箱时，区块链上的条目可用于排列相关事项顺序。区块链提供了一种新的动态方式来组织跟踪数据并将其投入使用。

第 11 章

数字化转型

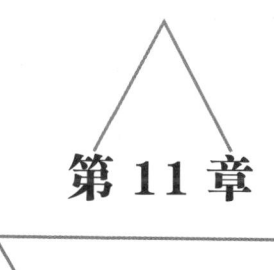

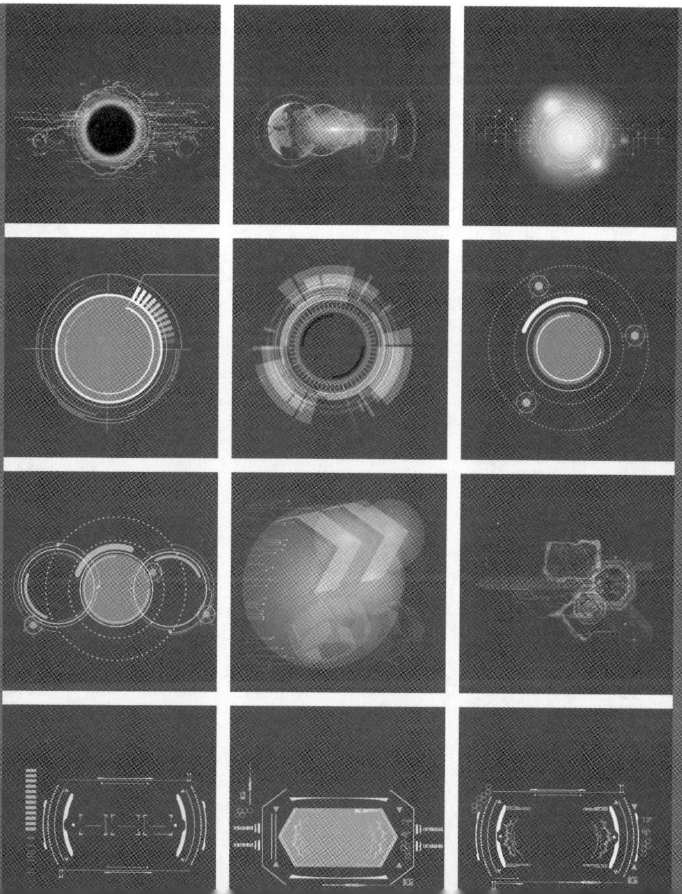

"自动化"和"数字化转型"这两个术语常常互换使用，但实际上二者有着不同的含义。自动化指利用技术使流程自动运行，从而提升流程效率、透明度和反馈能力。数字化转型则聚焦于创造新价值、解锁新机会、推动新发展、产生新效能。所有的转型都需要企业管理者思考企业如何在当前和未来持续创造价值。换句话说，所有的转型都需要从大的方面着眼，因为小的进步不足以在当前的商业环境中取胜。企业需要持续增长才能应对不断出现的变化，而只有敏捷迭代才能换来持续增长。简而言之，自动化是实现商业目标的一种方式，而数字化转型则是自动化希望达成的目标。

消费者、员工同企业进行交互的方式正在发生改变，这要求企业重新思考如何使用科技和数据。数字化转型的要义在于为员工赋能、提升用户参与度、优化企业运营，以及通过智能系统来改造产品。当下，通过缩减成本来提升运营效率的传统做法只能带来微不足道的回报。"工业4.0"意味着产品的生产和交付方式将出现重要的数字化转型。要想保持竞争力，工厂和仓库必须利用工业物联网和数字化来提升响应速度和运营效率。第四次工业革命中的计算能力达到一个全新的高度，带领我们进入"信息物理"世界：数据驱动决策、增强现实、人工智能、自动系统和"云"正在从根本上改变产业模式。这些将使高级技术人员和机器人协同办公，使扁平化组织成为现实。"工业4.0"框架——数字化转型技术如图11.1所示。

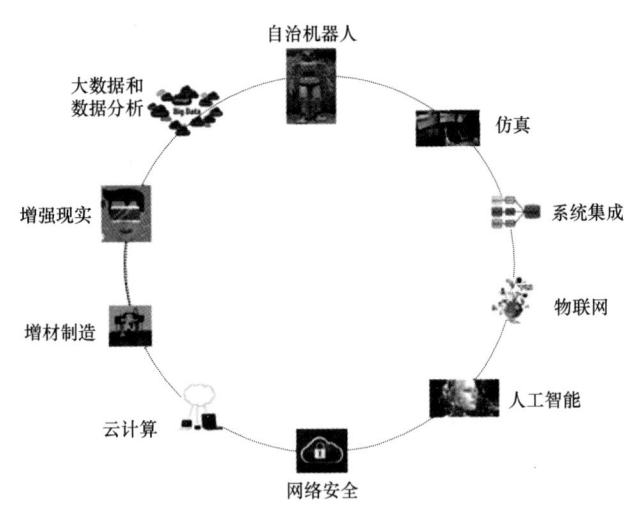

资料来源：波士顿咨询集团关于"工业4.0"的讨论

图11.1 "工业4.0"框架——数字化转型技术

11.1　数字化转型的概念框架

企业和业务的后台职能部门为企业的各业务环节提供所需服务，为各部门达成战略业务目标提供支持。企业的外部用户并不知道这些服务，但这些服务对企业的日常运营至关重要。这些职能服务包括工资的核算与发放、日常报销、软件系统维护或支持服务、人员招聘、员工培训、税务咨询等。从本质上看，这一类工作属于支持性质，因此，企业处理这部分业务的基本原则是提高效率、减少支出和提升服务价值，以帮助其他业务版块提升质量、减少支出。但随着全球化的不断发展，技术带来颠覆性的变革，企业承担越来越重的成本压力，这类支持性工作面临巨大的转型挑战和机遇。数字化转型的概念框架如图 11.2 所示。

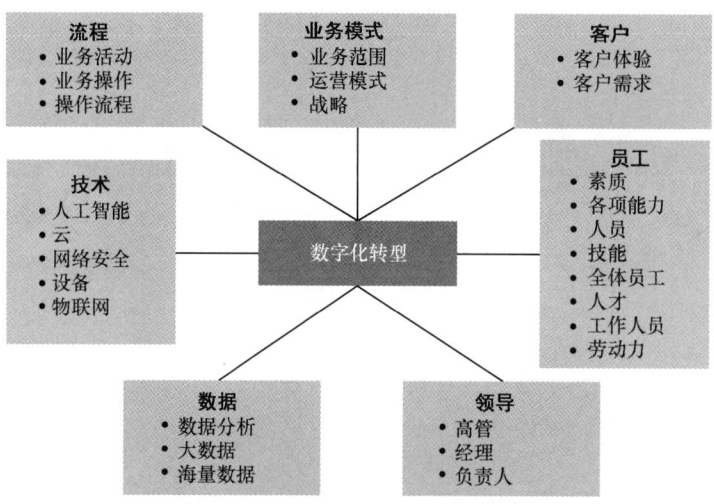

图 11.2　数字化转型的概念框架

大型企业的后台职能部门正面临重大转变的机遇与挑战。企业越来越关注组织能力建设，要求后台职能部门领导发挥更重要的作用。随着外部环境的不确定性增强，企业会面临更激烈的市场竞争，企业越来越看重敏锐性和灵活性，也越来越强调组织绩效，这必然要求很多后台职能部门进一步提升运营水平，减少运营支出。

11.2 数字化转型的核心要素

业务转型（Business Transformation）是一个概括性术语，指对业务或组织的运行方式做出根本性改变，它涉及人员、流程和技术 3 个核心部分。业务转型能帮助企业提升竞争力、提高效率，获取大的战略支点（Wholesale Strategic Pivot）。财务、人力、技术、采购、供应链管理、法务、不动产和设备管理等后台职能部门占用了企业的大量投资与资源投入，因此对大多数企业来说职能部门的数字化转型十分重要。

数字化转型的核心要素如图 11.3 所示。

资料来源：Bithgroup Technologies

图 11.3 数字化转型的核心要素

转型的速度很快，这需要企业具备一定的整合和统筹能力，然而当前很多企业还未完全具备这样的能力。很多曾需要五六年才能完成的项目如今在一年甚至更短的时间内就能实施完成。很多企业需要在短时间内处理海量信息，做出无数个影响到策略和运营等方面的决定。转型失败的风险虽然很高，但如果企业能让各部门朝着同一个方向努力，就能实现转型目标。转型并非立刻改变每个传统做法,而是细水长流、一点一滴的改变。这就意味着转型的连贯性和循环往复非常重要。

11.3　数字化转型的挑战

企业需要具备拥抱变革、做出决策和统一战略目标的能力。要想把战略落到实处,企业就要在不断变化的环境中有效策划和管理业务转型,要根据战略方向来设计和执行变革措施。企业在使用新技术时,应当重新思考其后台职能部门的运营模式。

不同企业面临的挑战和需求不同,它们进行的数字化转型相应也会有很大差异,但每家企业在开启数字化转型时都应认真思考用户体验、用户响应速度、企业文化、领导力建设、员工赋能和数字技术整合等问题。企业也应该借助技术手段进行数字化转型,新技术的应用将为企业带来理想的业绩。数字化转型面临的挑战如图 11.4 所示。

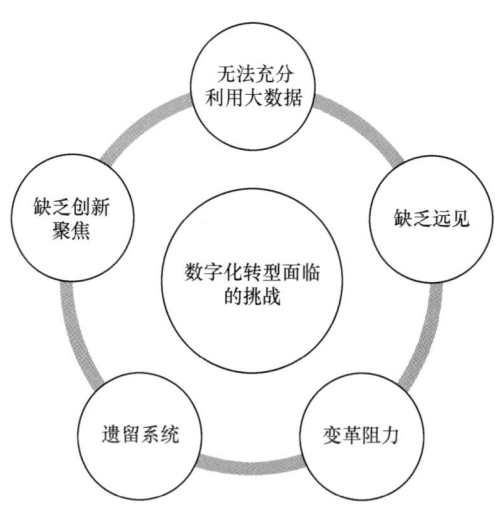

图 11.4　数字化转型面临的挑战

11.4　数字化转型驱动下的商业价值

企业在进行数字化转型时不仅需要提升现有流程的效率，也需要为用户创造或挖掘新的价值。很多企业都在同时进行多个环节的转型——涉及体系、流程、业务模式等。数字化转型驱动下的业务价值如图 11.5 所示。

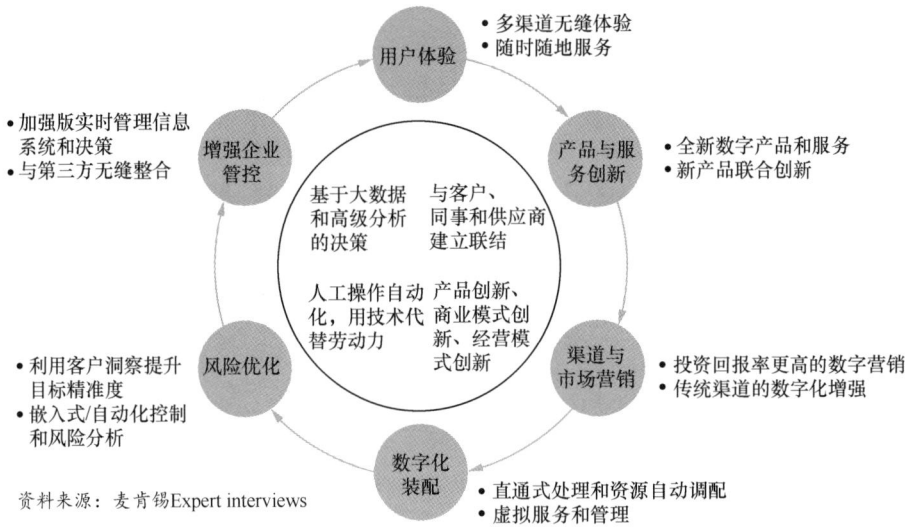

资料来源：麦肯锡Expert interviews

图 11.5　数字化转型驱动下的业务价值

企业在转型过程中应当重视人力资源的转型。企业可以从后台职能部门的转型中获得多种收获。

- 简约的商业模式。

- 削减后台职能部门成本。

- 提升业务支持工作质量。

- 进一步发挥业务支持服务的作用。

- 优化现有的"共享服务中心"和"卓越专家中心"。

- 改进外包合约。

负责商业变革与业务转型的领导需要深刻地认识到，合适的领导和合适的人才是转型成功的关键。能力强的项目领导应当具备推动重大变革、强力推动工作落实的影响力和公信力。然而，在很多企业，顶尖的人才都忙于完成企业的近期目标，无法投入企业的转型项目中。但要想实现业务转型这一宏大目标，企业必要投入大量的业务资源，而这种投资能够取得多少回报和领导的个人素质、敬业程度直接关联。

11.5　业务转型的驱动因素

大多数企业在开始转型时设立了相对宽泛和宏伟的目标，例如，成为顾客满意的行业领袖、成为行业品质领袖、通过创新工作方式来提升员工业绩表现等。随着变革深入企业一线，企业上级领导需要为下级员工提供更加清晰明确的指导，确保所有的变革行为都为企业的整体变革目标服务。这种自上而下的指导能够为转型确立核心目标，创造必要条件，但仅这一项还不足以实现成功转型。企业各部门员工（运营、支持部门、业务管理团队等）都需要积极参与和推动转型。业务转型的驱动因素如图 11.6 所示。

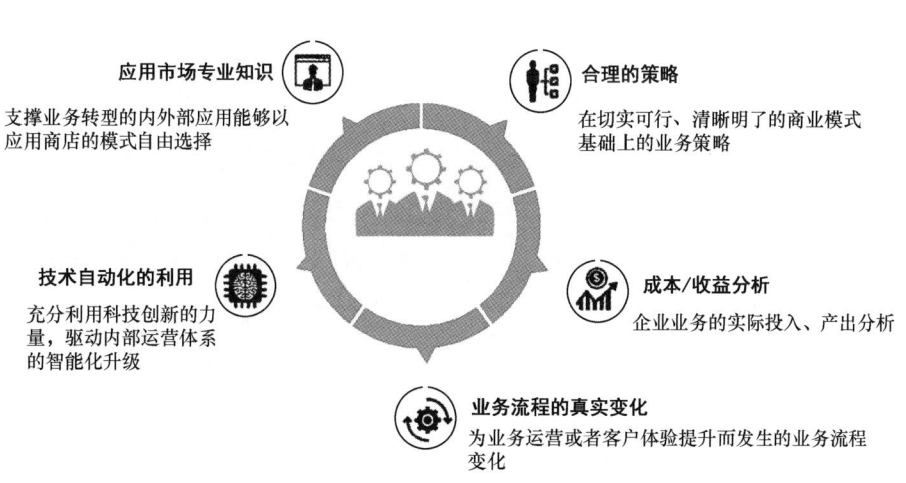

图 11.6　业务转型的驱动因素

数字技术正在重塑用户和企业之间的力量平衡。数字技术能够帮助用户便捷地获得信息并拥有选择权，同时也为企业的业务带来更多收益。这些收益是很多业务进行数字化转型的主要驱动力。商业的数字化转型几乎每天都在重新改写商业规则，企业需要利用这些新的规则留住用户、参与竞争、取得发展。每个行业都有其独特的数字化转型机会，擅长数字化转型的企业正在改变市场的商业模式，在此情况下，企业必须不断改进自身业务。数字化不仅会影响某些任务或流程的执行方式，同样也会淘汰一部分流程。企业需要建立速度更快、反应更迅速的运营流程，进而才能利用数字技术的优点推动业绩的显著提升。

11.6 业务转型计划

后台职能部门的数字化将带来激动人心的成果，随着预报、汇报和发布信息等花费大量时间的传统任务能够通过智能数字工具完成，员工可以把精力集中在提出问题、分析问题、得出结论、权衡利弊及集思广益等能帮助业务部门创造新价值的活动上。这就需要企业建立合适的组织结构。有效的业务转型可以通过提升领导力、战略和文化来为员工和工作带来持续性的积极变化。

变革管理的过程包括分析企业人员及文化，获得实施转型计划所需的信息，明确业务战略、组织设计、组织结构、流程和技术体系的转变给整个企业造成的影响等。业务转型是指影响企业战略、管理体系或业务流程的大中型转型项目。企业并购、市场剧变、业务模式创新、部门重组及运营变化等都可能带来大规模的转型需求。一旦企业认识到变革的必要性，转型之旅便会开启。下列步骤可供需要进行业务转型的企业参考。

1．制定战略

需要制定的战略包括使命宣言、愿景宣言、价值观和纲领。这些战略可为企业业务转型提供指导。

2．现状评估

为有效推进业务转型，企业需要了解当前的运营现状。现状评估包括了解当前战略、关键绩效指标衡量标准、各项业务流程、员工目前掌握的技能、企业技术和信息系统性能等。进行现状评估能够让企业从战略层面了解变革带来的复杂影响。一般来说，需要先分析企业现状与转型战略和愿景之间的差距，在此基础上确定现状分析的内容或主要方向。

3．组织变革管理

从本质上来说，业务转型将带来整个企业的转型，因此，有必要考虑业务转型对企业各个方面和员工造成的影响，提前做好规划。组织变革管理（Organizational Change Management，OCM）的核心在于让员工了解并参与变革过程。组织变革管理流程如图 11.7 所示。

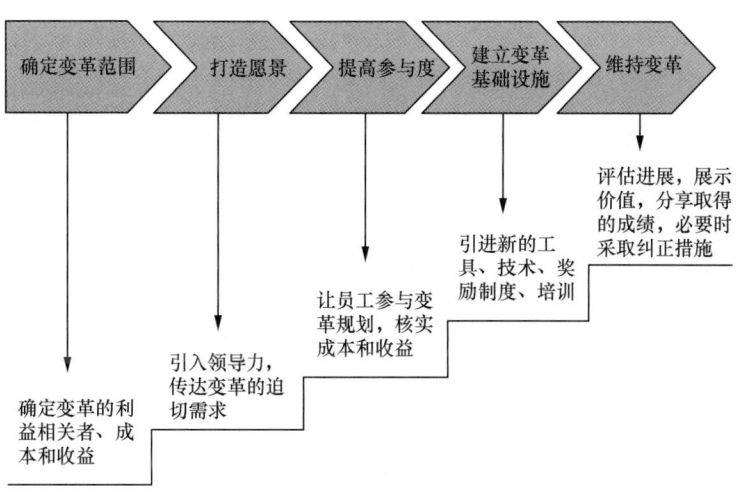

图 11.7　组织变革管理流程

通过明确整个变革流程，企业可以更好地明确和记录需要进行管理的活动。完成这些步骤有助于确保转型取得有效和可持续的成果，使转型变革的指令得到传达和检验，帮助员工理解和接受这些变革指令并改变当前的行为和态度，学习实现理想业务目标所需要的各类技能。如果执行得当，组织变革管理就能够去除变革过程中的障碍，加速转型过程，保持转型成果。

4. 制订变革实施和风险管理计划

为配合企业变革管理计划，企业还需要制订一项能够让愿景落地的执行计划。该计划需要处理企业变革过程中可能面临的阻力，这种阻力来自因企业变革引起的各类冲突。当领导或员工意识到即将到来的变革将影响他们对企业变革的发言权时，就有可能出现阻力。转型项目中的阻力往往被视为一种消极力量。然而，如果换种角度思考，这种阻力也是一种能够加以利用的综合性积极力量，它能够解决变革领导者与承受者之间存在的分歧，确保企业内部达成共识。

5. 执行变革实施计划

仓促实施变革计划会给企业运营和员工造成极大的压力，为转型带来阻力。尽管变革执行是业务转型的最后一步，也需要对这一阶段可能出现的风险进行管控。

6. 变革实施后的支持

变革实施后的支持十分必要，它能够让新的运营模式完全融入企业内部并不断发展，确保变革计划取得成功。

这一部分的关键在于战略沟通。坦诚且频繁的沟通是有效变革管理不可或缺的一部分。当员工直接或间接地了解到变革带来的好处和影响时，会更愿意接受和支持变革活动。要想成功地完成业务转型，企业需要考虑以下几个方面。

- 充分理解问题。
- 向员工传达变革的实质内容。
- 设计一个业务实例，辅助说明变革路径。
- 将愿景设计为一个个可执行的细节。
- 提前行动和迅速反应。
- 熟悉基准成本。
- 管理未裁撤的职能。
- 为管理数字化劳动力做好准备。
- 设计一个数字化变革管理项目。

企业有必要明确一套工作指导方针来为变革建立稳定性和韧性的基础，需要有一套融合人员、流程和技术的运营系统来为员工提供支持和指导，以便在实施新战略及相关动态行动计划的过程中时刻聚焦主线。业务要想有效运行，需要人员、流程和技术同时参与。要想实现这一点，需要确保员工积极参与、保持忠诚，流程高效且有效运行，技术得到有效利用，同时避免服务中断。

11.7　小结

业务转型是一种变革管理战略，它可以是企业经营中出现的任何变动、调整或根本性改变。业务转型的目的是对企业流程、员工和组织运营体系进行调整与变革，使其更加符合企业的战略和愿景。完成整个变革流程对企业转型成功十分重要。业务转型的原因有很多，例如，出现新技术、市场变化、利润和营业额变低、企业并购等。这样的转型可能会带来整个企业的变化，例如，整合并购涉及的两个公司等，也可能带来技术部门、人力资源部门或财务部门等个别部门的变化，例如，实施新的财务系统、人才管理系统、营销管理系统、采购和供应链管理系统等。

业务转型的成功依赖数字化转型的有效实施。实施数字化转型所需的必要元素如图 11.8 所示。

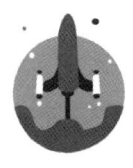

提升数字化能力　快速执行正确　在数字化上的　既重视效率　让足够多的员工
　　　　　　　的数字化流程　投入超过竞争者，也重视增长　参与数字革新活动
　　　　　　　　　　　　　　但不要过多

资料来源：麦肯锡

图 11.8　实施数字化转型所需的必要元素

跨国企业认为物联网、人工智能和机器人是最具颠覆性的技术，它们在削减成本中发挥着至关重要的作用。企业不应以技术水平不够高为借口推迟转型，不过一些企业也发现除非具备一定的技术水平，否则企业无法推进转型项目。技术已成为我们工作和生活中不可或缺的一部分，后台职能运营部门需要对如何不断提升技术支持制订清晰的规划。要想从根本上变革后台职能部门，企业需要提供强有力的领导，明确传达变革方向，同时避免急功近利。新技术能够让后台职能部门建立新的工作方式，理顺整体运行模式。发挥具体作用的技术包括以下几种。

- **大数据**。大数据工具显著降低了企业收集、验证、存储和处理大量信息的成本，提升了信息管理质量，降低了信息工作难度。例如，"数据湖"可以处理很多企业现有但尚未利用的非结构化数据（通常数量庞大）。因此，随着业务透明度的不断增加，业务洞察愈发敏锐，后台职能部门可以主动识别业务需求甚至主动制订解决方案。

- **全球连接**。云计算、软件即服务和移动 / 可穿戴设备可以让企业更容易实时获得数据驱动下的商业洞察。连接的提升使支持部门的员工能够以新的方式协作，做出更灵活、更快速的决策。

- **人工智能和机器学习**。这类先进技术能够让企业通过机器人流程自动化自动操作重复性、事务性任务和依托规则进行的活动。借助机器学习，技术同样可以处理涉及一定判断能力的流程。算法可以全天候工作，且准确率更高，成本更低。借助人工智能，自助服务功能也可以更加智能。

业务转型规划指的是对业务流程调整进行战略规划的过程，包括政策调整、流程调整和程序调整。其目的是使企业能够从当前状态过渡到未来状态。业务转型让企业有机会制订实施重大变革计划，重新思考业务和运营模式，为企业创造重要价值。在转型过程中，企业需要做出影响其发展方向、运营方式和绩效提升的战略决策。财务、人力和技术部门已经从支持性的后台职能部门转变为能够决定和驱动企业战略的关键部门。

不断发展且富有挑战性的市场、处于变化中的监管环境和成本削减带来的巨大压力等推动后台职能部门转型为企业的战略力量。转型包括 3 种：流程转型、运营模式转型、战略转型。

- 流程转型是指以更快捷、成本更低、质量更高的方式完成现有工作。

- 运营模式转型是指以完全不同的方式完成现有工作。

- 战略转型是最具潜力的转型，能够改变企业的商业本质或商业模式，提升企业的整体竞争力。

企业领导者应当思考如何将运营模式转型和战略转型相结合，提升组织能力建设，以应对颠覆性变革和未来发展带来的挑战。

第 12 章

数字化变革管理

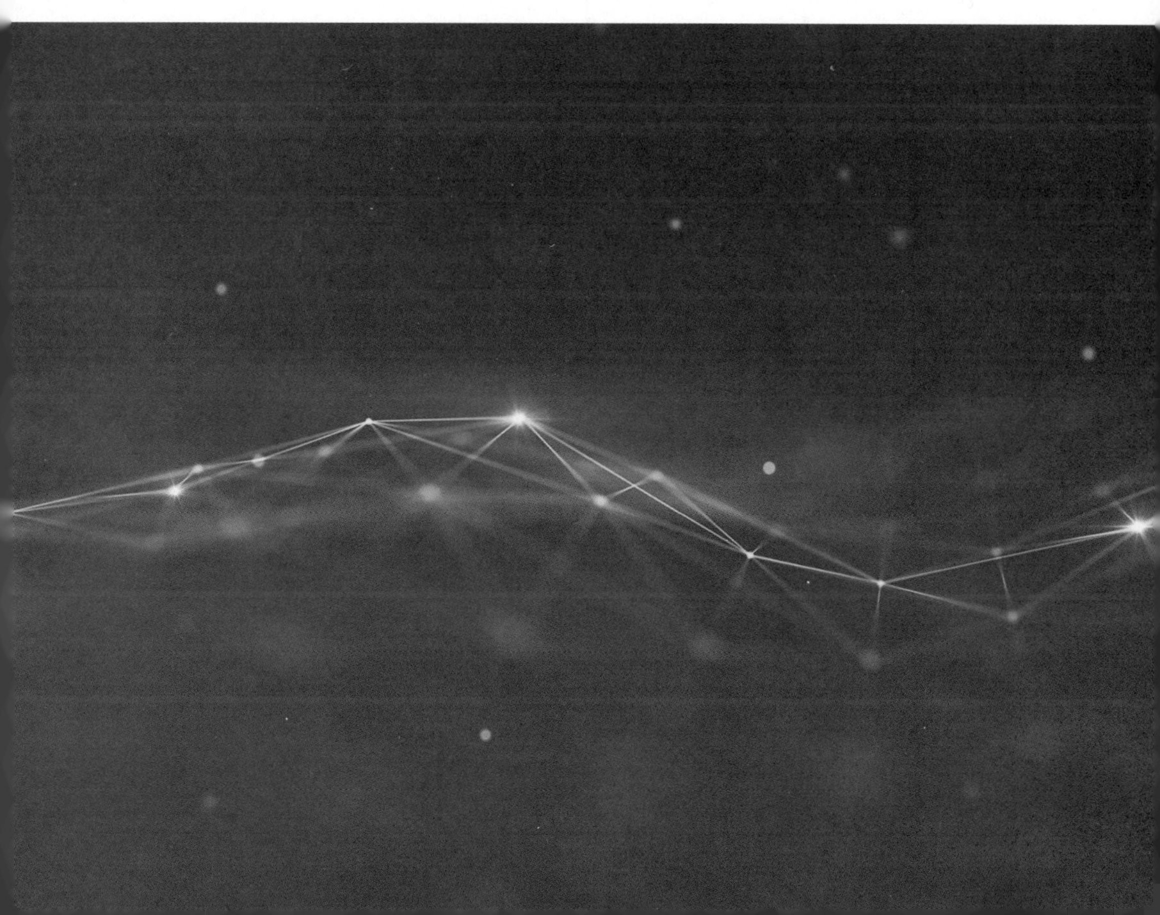

变革管理能够指导企业为员工提供变革准确度测评、培训与赋能，以及成长支持，在此基础上帮助员工适应变革，从而实现企业预期的变革目标。变革管理能够通过条理清晰的方式来帮助企业员工适应未来的工作状态，具体分为 3 个层面：个人变革管理、组织变革管理和企业变革管理。

- **个人变革管理**需要员工了解如何面对和经历变革，以及在变革中需要获取哪些支持与帮助。同时，企业也需要了解如何帮助员工成功转型：员工应当在什么时候、从哪里接收到哪些信息，什么时候是帮助员工学习新技能的最佳时机，如何指导员工接纳新行为与新技能要求，如何让员工的工作和变革密不可分。个人变革管理需要利用心理学、神经科学等学科来为变革提供具有参考性的行动指南。

- **组织变革管理**首先需要确定变革项目涉及哪些群体和人员，以及他们需要在哪些方面进行变革。随后，需要制订一个专项计划，以确保涉及的员工获得成功变革所需的认识、领导力、指导和培训。帮助员工成功转型是组织变革管理的核心任务。

- **企业变革管理**是企业的一种核心能力，能够为企业提供竞争力和有效适应环境变化的能力。具备企业变革管理能力意味着有效的变革管理能够融合企业的各个岗位、组织结构层级、业务流程、项目和领导力，变革管理流程连贯、有效，领导具备为团队变革提供指导的能力，员工了解应该从上级获取哪些支持。

变革管理如图 12.1 所示。数字化时代的变革管理涉及以下关键领域：数字化转型、数字化人才培养和数字化领导力建设。一般来说，企业内部出现的变革大体上会涉及变革管理。企业在进行数字化转型时，变革管理的方式也在不断演化。从广义上来说，数字化转型是与数字技术在人类社会的应用相关的变革管理，这些数字技术包括物联网、机器学习、区块链、大数据和人工智能等。企业进行数字化转型意味着以全新的方式来思考如何通过技术、人力和流程从根本上改变企业的业绩表现。成功的数字化转型会把文化转型作为第一步：打造一致的企业文化，并为员工提供充足的培训，以使他们能够有效执行数字化转型方案。企业可以改变流程、基础设施和技术，但如果不考虑和处理好"人"的因素，这种改变很难持续。人才和文化是每个企业的核心，一旦核心出现问题，企业就无法生存。

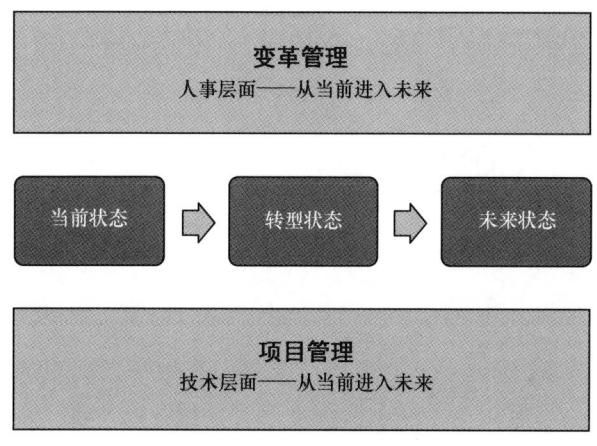

图 12.1　变革管理

变革管理指的是指导、实施和管理组织变革的过程。变革管理流程如图12.2 所示。数字化转型是把数字技术融入企业业务中的过程，这一过程能够影响企业的技术、文化和工作环境。大规模的组织变革并非易事，由于数字化环境进一步增加了变革的紧迫性和复杂性，所以大部分变革都以失败告终。数字技术和不断变化的劳动力为企业创造了新的机会，也带来了新的挑战。鉴于数字技术为行业带来的重大改变，很多企业都在进行大规模变革，其中，一些是为了获取数字化潮流带来的红利，还有一些是为了不在竞争中落后。

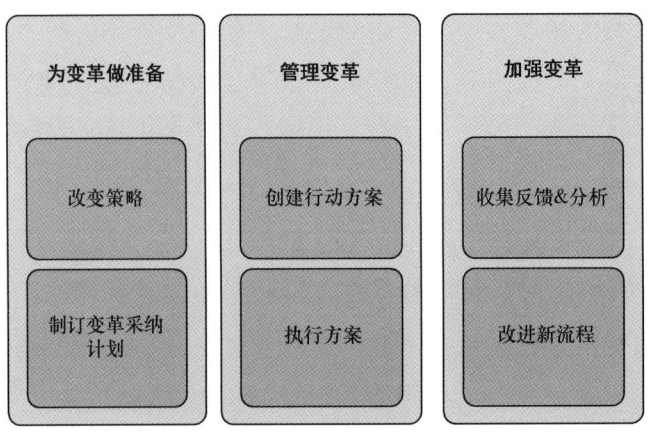

图 12.2　变革管理流程

12.1　变革管理的要素

变革是一个宽泛的术语，很多企业都认为很难为变革提供资金，主要原因是变革价值难以量化，缺乏可见的实物产出；同时，变革意味着可能存在颠覆和打破原有的习惯方式，必然存在不理解、不接受、观望、畏难甚至是抵触的情绪，这也是很多企业对变革项目投入不够、积极性不高或者谨慎决策的根本原因。接下来，我们将介绍一些能起到关键作用、推动数字化转型取得成功的变革管理要素。很多人可能会对"变革管理"嗤之以鼻，在数字化的情境下尤为如此，因为长期以来我们都认为企业技术是现成的，不需要对其进行过多的管理。然而，在任何情况下，数字化转型都应纳入变革管理项目，因为变革是转型成功的关键。以下是变革管理的 6 个关键要素。

1．做好灵活应变的准备与计划

通过看板系统（Kanban）来管理变革团队所做的工作，通过透明化、公开化的展示，让所有员工都能了解和跟踪团队承担的任务和目标，并列明需要完成的各项任务的优先级。鼓励形成灵活应变、持续进化、具有主人翁意识的团队文化。

2．寻找支持变革的人员

企业中的一部分员工有精力、技能和激情来帮助推动企业思维模式、思考方式和学习方式的转变。找到这些变革推动者，对员工进行培训和赋能，为他们提供相关信息。变革推动者的示范作用会让员工更多地去关注用户利益，将眼光放长远，而不是只关注企业利益。

3．变革是一种能力，不是一种项目管理工具

作为一项项目管理活动，变革管理本身应被视为企业需要具备的一种能力。要想打造变革能力，企业需要让变革融入企业的运营模式中，为变革提供必要的资源支持，并制订详实的、可行的变革计划。

4．让变革触手可及，随处可见

在员工了解、询问和理解变革的过程中，变革将展现出具体的一面。让变革项目进入员工的日常工作，让他们随时随地都可谈论变革活动；以及组织向正在经历变革的员工学习的活动。张贴宣传海报、播放领导讲话视频、举行目标共创或共识研讨会，确保员工得到有效的培训与指导。这些切实可行的措施能够赢得员工对变革的支持。

5．让有意义的对话成为沟通策略的一部分

变革涉及转型中"人"的部分，但人本身最容易受惯性思维的影响，并不易被说服。要想真正让人深度参与其中，唯一的方法是进行有意义的对话，例如，通过会议、反馈表和工作采坊等方式了解员工的观点、顾虑和想法。当员工缺乏积极性，或仅能通过留言获取信息时，员工会对变革产生抗拒情绪。企业需要通过坦诚和透明的沟通方式来消除这种抗拒情绪，最好的方法是让员

工参与方案设计，从而建立对变革领导者和推动者的深刻了解，并支持变革。

6．让技术和变革保持统一

技术应用应与变革活动保持步调一致。不能单纯盲目迷信技术的价值，还要关注变革的管理属性。这将提升变革活动在技术专家和变革资助者或变革发起者心中的地位。技术应用和变革活动必须同时进行，否则，二者都无法成功。这同时能确保变革在技术应用的基础上进行，让变革管理者明白应该如何把技术融入企业的各个方面。

数字化转型中变革管理的要素如图 12.3 所示。数字化转型要想成功，需要同时具备技术应用、思维模式转变、流程实施、教育和培训等多个方面。数字化转型的目标如果要想实现（例如，提升品牌价值、消费者参与度或线上 / 线下收益等），就需要企业搭建必要的平台，在不影响正常业务的情况下发挥该平台的作用。技术的重要性不言而喻，但事实上"人"才是创造价值的关键。企业需要让能够驱动数字化转型的人员参与进来，只有在"人"的方面投入更多的资源才能推动数字化转型稳步前进。

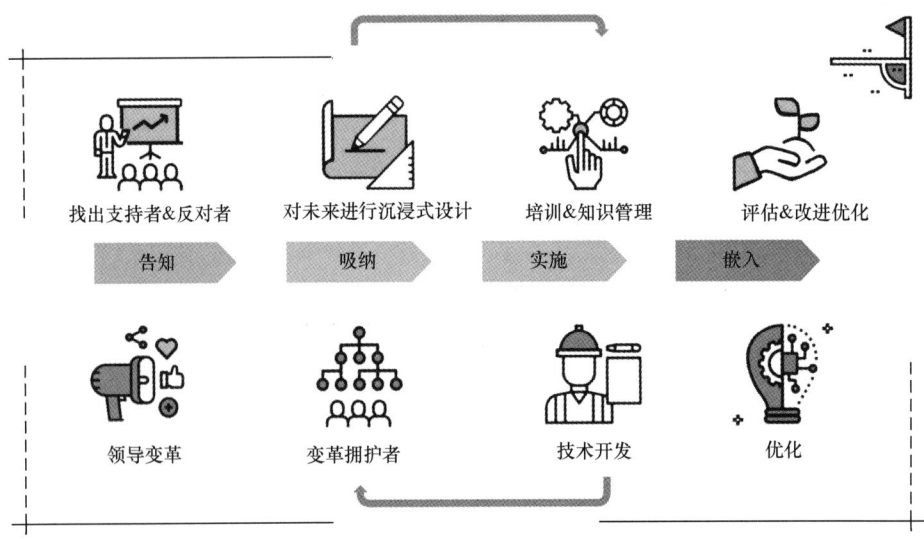

找出支持者&反对者　　对未来进行沉浸式设计　　培训&知识管理　　评估&改进优化

告知　　吸纳　　实施　　嵌入

领导变革　　变革拥护者　　技术开发　　优化

图 12.3　数字化转型中变革管理的要素

12.2　数字化变革管理的各个阶段

数字化转型虽然对企业的生存与发展至关重要，但实施起来并不简单。变革管理应成为数字化转型这一愿景的核心。要想实现成功的变革管理，企业需要在以下 5 个阶段投入精力。

1．准备阶段

为了获得必要的支持，企业管理者在准备阶段会非常注重商业情报以及相应的资金和资源的获取。相反，为变革打下扎实的基础却常常被忽略。准备阶段的关键活动包括以下几个方面。

● 创建一个数字化转型列表，写明转型的业务目标及实现这些目标的策略。

● 找出管理层的利益相关者以及执行层面的变革推动者。尽早让他们加入，这有利于去除变革面临的障碍，获取企业内部的充分支持。

● 创建一个卓越中心（Center of Excellence，CoE），或与已有的卓越中心保持一致，通过该中心来管理一切数字化转型活动及其组织结构。

● 列出变革未尽事项，以便跟踪、减少风险，例如，用户采纳情况、员工抵触行为、变革结束后对遗留问题的处理等。

变革准备阶段的目标是吸引全员对变革项目的关注，在此基础上，最大限度地寻找变革支持者，同时识别并记录影响最大、最紧迫的风险。

2．明确阶段

这一阶段包括确定想要取得的业务成果、绘制用户旅程地图、确定受众价值、明确要求、设计用户体验方案和解决方案、设计并明确项目执行路线图等，这些都是变革计划中的关键部分。该阶段还包括以下活动。

- 和卓越中心相关人员、涉及的部门领导以及变革推动者定期举行筹备指导会议，进一步完善项目愿景和计划。

- 进行组织准备情况评估，评估对象包括团队结构和支持情况、治理结构、适应度、评估和沟通。

- 举办变革管理工作坊，从战略分析中获取愿景、目标、关键业绩指标、需求、调研内容和人员等信息，发现能推动变革的见解和策略，包括方向把握、阻力管理、培训、指导计划、用户反馈和评估手段、内容策略和传播策略等。

变革明确阶段的主要目标是找出推动变革所需的关键策略，明确这些策略在哪些阶段能发挥最大的作用（项目启动前、启动中或启动后）。

3. 设计阶段

这一阶段需要确定数字化转型蓝图。线框、交互式原型设计、概念验证、高保真设计、解决方案结构表、图谱整合和数据建模等手段能够帮助更多的利益相关者实现愿景。从变革的角度看，这是一个承上启下的阶段，在前两个阶段的成果基础上形成一套完整的计划，为下一阶段提供方向性指引。关键活动应包括以下几个方面。

- 确定变革团队的职责定位、工作流程和责任分配矩阵。
- 解决前一阶段明确的业务流程影响。
- 制订评估计划，在计划中加入具体的关键业绩指标。
- 建立内容策略和计划。

- 设计包括一对一、一对多和自主学习在内的多样化培训计划。
- 制订一个能够激发团队热情的传播计划。

变革设计阶段的目标是启动变革工作、创建工作策略计划和行动日程表。

4．建设与验证阶段

建设和验证这两个阶段虽然有很大区别，但要想进行有效的变革管理，可以将二者合二为一。在此阶段开发人员按照产品待办清单开始操作，数字化转型逐渐成为现实。因为开发工作与代码编写很容易被量化和评估，而一些不容易具体化的工作则容易被忽视，所以变革管理开始遇到困难，一般来说，在失败的数字化转型中，项目领导在进入验证阶段后才开始搭建变革管理工作流程，而成功转型的企业则会将变革管理融入建设阶段，把需求、用户场景和先前确定好的变革管理计划和任务相结合，这样的项目管理环境能够推动变革领导者、项目管理者和开发者之间展开协作和讨论。变革管理活动应该同样被纳入企业的规划会议、检视会议和日常会议中。这一阶段的主要活动应包括以下几个方面。

- 按序排列变革管理任务和可交付成果。
- 共享已排序和已分配的变革管理任务。
- 和产品团队及开发者定期见面，让变革行为和实际开发情况相统一。
- 对所有可交付成果进行迭代开发并保证质量。
- 定期举行反馈会议以确保计划符合实际且有意义。
- 监控和处理变革待办事项。
- 执行项目启动前的相关活动。

这一阶段的目标是与开发团队和目标用户进行协作，调整和实施变革管理计划。

5. 启动阶段

这是所有变革管理团队最关键的阶段。这一阶段需要引入数字化工具。如果数字化转型项目进行了很好的变革管理，则变革团队此时应该已经完成了大部分工作。所有的前期工作已经完成：关键的利益相关者已经得到培训；业务流程已经创建或进行过调整；评估计划已经就位，等待获取用户数据反馈。变革启动阶段的关键活动如下。

- 执行启动计划和启动后预先制定的策略。
- 从项目管理转型到项目治理模式。
- 听取意见、评估并且和产品负责人分享反馈。
- 监督和处理变革待办事项。

这一阶段的目标是建立支撑和保障持续变革的组织结构。

12.3　克服变革管理挑战

管理数字化变革具有挑战性，原因如下。

- 数字化迭代升级会一直进行。
- 数字化转型可以影响整个企业。
- 难以预测数字化转型带来的积极影响或消极影响。

要想在一家数字化不断发展的企业进行管理变革，变革管理者本人必须愿意接纳新技术。以下方法可以帮助管理者适应数字技术带来的变化和挑战。

- 反应迅速、敏捷，有创新精神。新技术的出现要求变革管理者必须具备创新思维能力，并转变思考方式。

- 拥抱新技术。对新技术心生畏惧将不利于推动变革。

- 和变革领导者紧密协作。与企业其他成员相比，企业的首席信息官和首席执行官常常会对变革有超前意识，他们更了解即将到来的趋势。变革管理者需要争取他们的支持，与他们紧密协作，以确保变革取得成功。

- 利用现有的数字应用平台和其他工具来平稳推进变革。数字应用平台的作用在于缩短软件学习曲线、提高成功率、减少员工挫败感。利用这些变革管理软件可以提高生产力和员工的幸福指数。

- 选拔合适的员工。数字应用主管的职责是推动、指导和管理数字应用过程中的技术工作。因为这个岗位可以显著提升数字化转型的效率，所以企业如果不打算设立这一岗位，而是计划把数字应用管理的任务分配给现有岗位人员，也需要充分重视这部分工作。

- 转变思想，而不仅是改变工具。当前的数字化工作场所不仅在使用新工具和新软件，也在采纳新的思维方式、运营模式和业务处理模式。

变革管理在企业的成功转型中发挥着重要作用。企业需要发布变革指令，变革管理则需要进行必要的文化转型。员工越理解和支持变革愿景，变革成功的概率就越高。为了能让员工参与到这一过程中，实现文化转型，企业应考虑采取以下方案。

- 提出文化转型愿景，例如，用户导向、创新和结果导向。
- 让员工了解并接受这些变化的愿景。
- 让员工参与实施文化转型。

要想成功实现变革转型，需要制定一个治理框架。变革管理治理框架如图12.4 所示。

数字化转型的支出成本正在上升，具体原因有很多，例如，市场竞争压力增大、获取竞争优势紧迫性增强、寻找增长机会的压力升高、消费者需求升级等。但无论出于何种原因，变革管理者都应当拥抱数字化策略、数字化技术和数字化转型，这样做可以提高一切数字化变革活动的成功率。数字化转型中的变革属于跨职能、跨部门和端对端的变革。这样的变革势不可挡且具有颠覆性，能够影响企业流程、政策、程序和组织结构。典型的变革管理项目会致力于让员工接受变革。除非有改变的意愿和决心，否则，人们一般不会轻易改变。

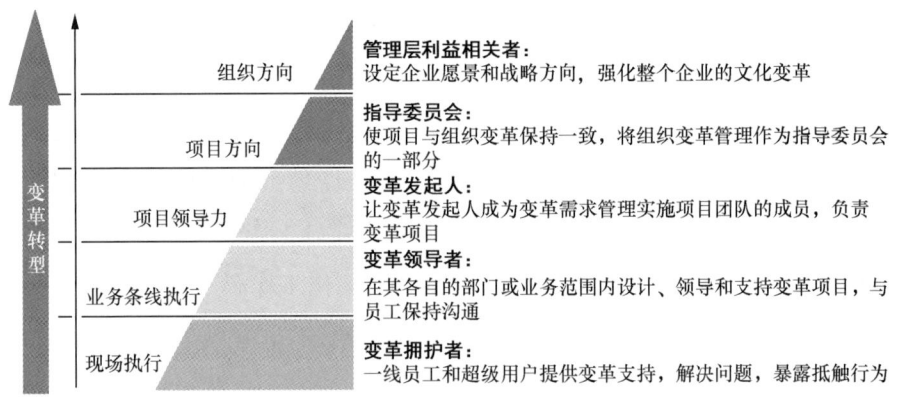

图 12.4　变革管理治理框架

大多数数字技术有助于提升效率和增强顾客黏性。如果人们缺少对待改变的正确心态且当前的组织行为存在问题，数字化转型就会放大这些问题。变革管理流程有很多种，但第一步都是明确组织内部存在变革的需求。

明确变革需求后，确定从哪里开启变革，通过沟通让企业为即将到来的变革做好准备。组织变革沟通过程如图 12.5 所示。让企业了解将要进行何种变革，如何实施变革，每个人需要承担哪些任务，强调变革将带来哪些好处。管理者需要为变革过程创建一个详细的总体计划并将其传达至公司的各个层级。在实施计划时，让所有的员工及时了解项目的最新进展。整个过程应当受到持续的监控和评估，以确保计划达到预期目标。

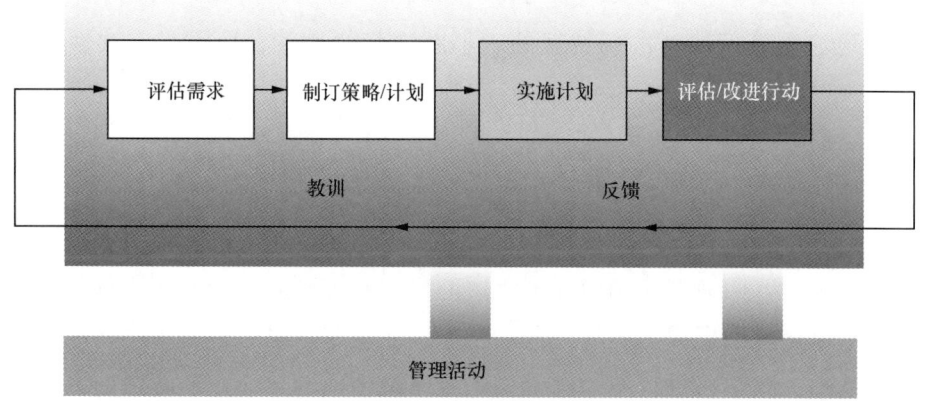

图 12.5　组织变革沟通过程

12.4　小结

数字化业务转型的性质和其他转型不同，这一转型呈现大规模、相互影响和动态变化等多个特点，会给整个企业带来根本性改变，将会影响企业业务的多个方面。无论企业的转型目标是实现增长、提高盈利水平、提升顾客服务满意度还是为股东创造价值，变革管理都会在转型中发挥重要作用。变革管理要求企业进行必要的文化转型。数字化转型中的变革是端对端、跨职能和跨部门的变革，会影响企业流程、政策、程序、风险分担模式、组织结构和人才模式。实施和管理变革并非易事，因此需要有相应的基础设施、流程和行动规范。

数字化时代的变革管理涉及以下关键领域：数字化转型、数字化人才培养和数字化领导力建设。数字化转型是一项与数字技术应用相关的变革，也是企业面临的重大变革。要想完成数字化转型，需要改变企业现有的组织结构和业务结构，这并不是一个小任务。在数字化转型前，企业的领导层必须对数字化的意义及数字化将如何适应整体业务模式达成一致意见。数字化时代的变革管理需要采取与传统模式不一样的新的变革实施模式，新模式更注重管理快速的、持续的、不断迭代的变革，而不是一次性的大变革。

数字化转型对上级管理者和下级员工而言都是一个复杂任务，应在形成战略计划的基础上逐步实施。领导者需要制订清晰愿景，让团队中的每个成员都朝同一方向努力，同时保留一定的自由发挥空间。采购部等各职能部门的数字化转型已成为一种业务新常态。变革路上总会遇到各类问题，但目标清晰、路径科学、循序渐进、小步快跑的地推式变革能够帮助企业克服这些困难。

大型企业出现的技术进步和转型推动了变革管理的发展。随着越来越多的企业开始重视数字化，变革管理需要进一步发挥更重要的作用。这些问题涉及数字化有关的更深层次、更广泛的对人类的影响，以及包括用户体验和设计思维在内的实施方法的使用。变革管理对提高变革接纳度十分关键，应尽早在概念设计阶段纳入变革管理，而不是等到实施阶段才开始这一工作。变革管理不应被视为独立运行的工作流程，而应当作为数字化管理中统领一切的元素。企业应设立专门的变革执行团队，以获取最高决策层的支持，以及基层员工的高度认同和积极参与，进而推动各职能部门间的有效协同。在做出技术和流程决策时，需要考虑对现有社交互动的影响。

在一次成功的数字化转型中，变革管理的关键任务包括形成全面的变革管理方法，同时纳入对具体事实和无形社交互动的管理；考虑到面临的技术和人员方面的挑战，应采取灵活机动的变革管理方式；让传统的变革管理要素，例如，领导力、文化、沟通和培训等适应数字化情景。

在变革过程中，员工希望领导能够提供意见、人脉支持并承担责任。因此，在数字化转型过程中的领导力应具备积极参与、透明、协作和共情等特点。项目团队应进行扁平化管理并吸纳来自不同背景的人员。最接近一线信息源的员工应该拥有快速决策的权力。让支持变革的员工成为其他同事的榜样，鼓励他们为同事提供指导，以影响并帮助更多的人进一步提升对变革的认同。正确的政策和激励手段能够营造一种持续改进的企业文化氛围。

第 13 章

数字化劳动力管理

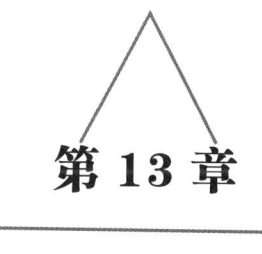

数字化劳动力由基于机器的智能手段或基于规则的自动化组成。人工智能、智能自动化、机器人流程自动化和机器学习已经进入全球各地的企业应用中，成为提高生产力、削减支出、增加收益、招聘人才和减少重复低级工作任务的一种手段。人工智能和智能自动化能够推动技术现代化、简化流程、帮助企业在商业竞争中持续领先。人工智能还能帮助企业寻找新的商业机会和新的潜在产品或服务。数字化劳动力是指和人类员工一起工作的软件机器人团队。软件机器人团队可以完成重复性流程，让人类可以把精力集中在价值更高的任务上。数字化劳动力还指工作场所中用来提升生产力和效率的一系列机器化和自动化解决方案。在大多数情况下，数字化劳动力并不是数字化工人的实物化身。

数字化劳动力的出现大幅降低了人们对工作地点的依赖。工作地点不受限制可以改变工作方式，也可以改变团队的组成方式，让员工能够协作解决各种临时性问题。对业务支持部门而言，数字化劳动力并不代表实际的数字化工人。随着技术的快速发展，各行各业的企业都处于数字化转型的不同阶段。业务和技术领导、一线员工和技术供应商在寻找技术需求、设计解决方案和执行方案中发挥着重要作用。用户期望和数字化转型改变了获取信息的时间、渠道和方式，劳动力管理也应不断发展以满足数字化劳动场所的需求，传统的劳动力管理方法已经难以适应数字化环境。

快速发展的数字经济将会为已经开启自动化进程的企业，以及学会和机器人互动的员工提供回报——人机交互关系如果发展得当，对企业和员工都有益处，新型数字化劳动力的稳定性会更高，内部管理流程会更明晰、更规范。未来，大多数企业将会引进数字化劳动力。

企业在思考如何适应数字化环境时，因为技术正在飞速发展，企业需要不断适应新形势，所以首先想到的可能是技术，然而最大的挑战不是技术，而是培养一支有见识、有策略、思维灵活和业务能力强的人才队伍。企业需要一批掌握人工智能，能够进行数据分析，快速制定并实施解决方案，并快速进入新角色的员工。这些员工需要利用移动软件和在线课程提升技能。企业的各个角落应当充斥着各类创意，这些创意可能来自全职经理，也可能来自临时参与项目的普通员工。

13.1　数字化劳动力就绪原则

很多企业管理者深刻意识到自己无法第一时间招聘到业务所需的人才。一方面没有足够的可雇佣人才，另一方面还要考虑高昂的招聘成本。因此，企业必须提升现有员工的专业技能，这意味着要不断拓展员工专业能力才能提升其雇佣价值，常规做法会借助在岗学习和培训工具来满足人才需求。提升员工专业技能虽然可以解决一部分问题，但企业同时也需要对岗位和工作流程进行重新设计，合并或去除一些岗位以节约成本、提升效率。然而，每家企业面临的情况不同，因此，这一问题并没有统一的答案或放之四海而皆准的方法。下面 10 个原则可以帮助企业完成劳动力就绪以满足未来需求。

1．聚焦业务产出

用醒目、清晰的术语向所有相关人员，包括员工、股东、用户、监管者和普通民众等描述企业愿景，尤其要让员工了解企业将基于此采取哪些措施。

2．培养情感承诺

员工需要对未来充满期待，对自身工作带来的个人价值实现，与企业发展愿景之间的共荣关系感到兴奋和充满激情。

3．让员工拥有获得感

创造能够学习新技能的环境，提供可以自行掌握进度、能在手机上使用、

可随时接入的学习平台。好的员工体验可以让员工"爱上"企业，让员工在获得所需信息支持的前提下使其更有信心地完成工作。

4. 关注关键岗位

关注对实现最高优先级业务目标而言十分关键的岗位及其所对应的技能要求。

5. 转变行为模式

劳动力转型项目应当精心设计新的行为模式并将其融入日常业务活动中。

6. 鼓励创新

员工愿意并积极参与任何和自身相关的变革活动，他们是最清楚哪些地方需要进行调整及如何进行调整的群体。

7. 规划并致力于长期成功

从一开始就做好对成功进行长期投资的准备，在前一个阶段的活动取得成功的基础上开启下一个阶段的活动。

8. 融合文化影响因素

当数字化转型和企业文化一致时，可以催生并加速可持续变革。企业文化是指决定工作方式的潜在行为、感觉、思维及信念模式，体现在员工行为、沟通交流和协作方式中。

9. 包容全员

一家具有包容性的企业能够接纳所有员工的工作与生活经历、思维视角和个人目标。秉持包容价值观的企业更容易雇佣到能力强的员工，并从这些员工带来的多种技能中获益。

10. 追踪结果

追踪员工转型结果并不简单，需要对技能建设、知识学习、生产能力和业务成果等各个方面的成果进行评估，这些方面的成果是无形的，有时很难被量化。

各个行业对设立首席数字官（Chief Data Officer，CDO）这一新职位的意愿不断增加，企业希望通过设置这个职位来引进所需的知识和技能，进而解决数字化转型带来的挑战。这个新职位的职责和首席信息官（Chief Information Officer，CIO）、首席技术官（Chief Technology Officer，CTO）的职责难免有所重合，在定义其职责时会存在一些不确定性。作为一个新出现的岗位，首席数字官将结合首席信息官和首席技术官的职责，负责管理整个企业的数字化转型。劳动力转型就绪原则如图 13.1 所示。

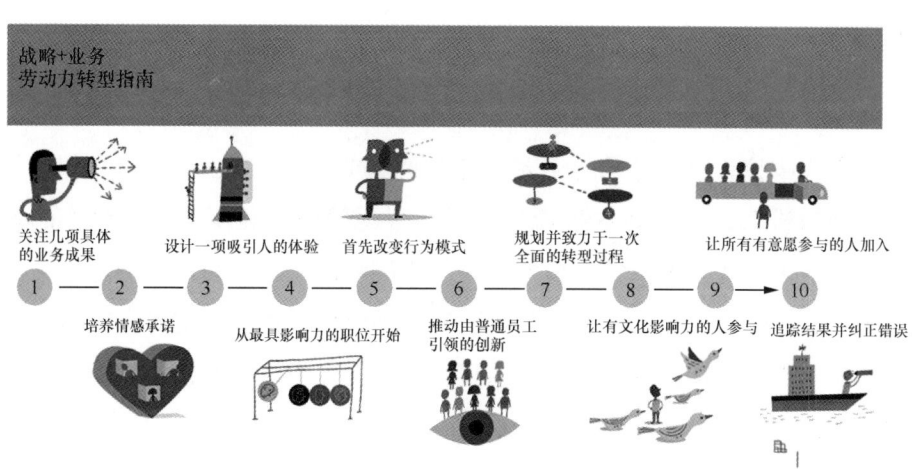

资料来源：PWC商业与策略

图 13.1 劳动力转型就绪原则

员工可参与技术设计和应用实施，企业从中可以获益。通过让最了解哪些流程需要改善、简化甚至删减的员工参与界定问题和设计方案，企业可以避免后续的一系列变化和发展瓶颈，例如，增加支出、效果衰减和用户认同障碍等。沟通能力是最重要也是最常被忽视的管理能力之一。有效的工作沟通是企业在数字化时代进行创新、协作与发展的基础。数字时代充满不确定性和变化，这些现象均影响到员工的职业安全感。员工需要了解企业是否有清晰的数字化战略，并希望自己在这一战略中发挥哪些有意义的作用。

随着越来越多的员工开始从事非常规性的工作，各个级别的领导或管理者，包括直接上级和高管对员工的期待正在发生转变。数字化商业的工作流程通常没有传统意义上的固定模式可以遵循，工作的成败往往取决于员工的经验和判断力。在此环境下，员工需要具备的态度和技能包括灵活性、创造力、问题解决能力和复杂场景下的沟通协调能力。提升员工技能的一项有效策略是和商业利益相关者进行高度协作，共同为提升员工表现、员工敬业度、员工保留率，以及吸引人才和采用数字化工作方案和技术发挥积极作用。

作为战略性及创新性技术使用背后的驱动力，数字化转型正在改变传统意义上的工作方式、工作地点和工作环境。随着新一代崇尚自我价值实现、注重个人体验、个性张扬的年轻人进入职场成为劳动力主体，技术部门正在做相应准备，以满足这批新生代员工对无障碍、高质量沟通合作的期待。数字化转型并不只关乎技术本身，它能够改变企业为用户创造价值的思维模式，因此，企业如果缺乏受过系统训练、思维敏捷的员工，这一切都无法实现。虽然技术的作用很重要，但是企业更需要确保员工受到教育与培训，从而具备相应的能力。

13.2　数字化劳动力体系

要想打造优秀的数字化劳动力，企业需要设计相应的管理和运营框架予以支撑。数字化劳动力是员工、自动化和人工智能协同工作的一个环境。随着自动化和人工智能的变革潜力得到逐步深入挖掘，混合型劳动力队伍正在获得越来越多企业的青睐。人机协作代表了下一代工作的特征，即智能系统取代了一般流程，在提升员工工作效率的同时创造出新的工种。自然人员工和机器人员工将发挥同样重要的作用，二者的协作进一步促进专业知识、背景知识与人工智能和自动化相结合。企业需要在愿景驱动、文化引领、赋能培训和战略目标牵引方面进行持续投资，为自然人员工和机器人员工的协作提供便利条件，为混合型劳动力提供指导和支持。然而，管理数字化劳动力和管理普通自然人的劳动力有很大差异。企业需要为员工和机器建立新的组织结构和业务流程。下面是一些有效管理混合型劳动力的建议。

1．制定变革管理策略

鉴于人工智能和自动化能够彻底改变企业的运营方式，企业需要在变革管理和规划方面投入大量精力。管理者需要提前与员工充分沟通即将到来的变革，让员工充分了解将要产生的影响，避免出现不同意见。企业需要制定一项清晰可行的变革管理策略，以降低风险、实施变革。

2．建立强大的治理体系

企业可以轻松地发现员工什么时候上下班、是否缺勤，却很难发现是否存在影响软件机器人程序正常工作的小故障。例如，如果某个密码变动阻碍了机器人程序登录某个应用，这部分工作就会停滞，而且可能在相当长的一段时间内不被人察觉。企业需要建立一个管理系统来及时确认软件机器人的工作运行情况。企业要想管理好数字化劳动力，就需要整合所有地

点、环境、系统中的数字化劳动力的工作流，让涉及的劳动群体及时了解工作情况。拥有强大治理体系的企业可以便捷地发现工作中断现象并能迅速解决问题。

3. 了解人工智能的局限性

了解人工智能的边界和局限性可以帮助企业管理数字化劳动力。例如，一切自动化都建立在了解流程之间不同交互的基础上，对流程的了解只有靠以往的经验才能获得。只有同时具备专业知识、人工智能和创造力才能取得成功。

4. 警惕人工智能偏见

系统的优劣由其算法使用的数据决定。不完善的数据或潜在的人为歧视可能导致应用程序出现"歧视"行为。例如，招聘软件如果受到同质化数据的训练则难以选拔到来自不同背景的候选人。为了避免出现意想不到的后果，企业需要制定一个数字伦理规划，用来识别潜在偏见，对机器进行监督。人工智能的偏见可以体现在很多方面（例如，招聘、销售、顾客服务等），这将会对数字化劳动力管理带来意料之外的影响。通常来说，问题的源头在于人类输入了带有潜在偏见的错误数据，机器程序效仿这类消极语言制造出消极内容。为了避免这种现象，人类需要识别出有意或无意的偏见，同时对机器进行训练，以避免出现类似的消极后果。

13.3 数字化劳动力所需技能

对于进行数字化转型的企业来说，要想在提升运营效率和用户体验等方面取得预期成果，具备数字化技能的劳动力是关键要素。相比处于数字化初期的企业，数字化成熟的企业深刻意识到自己需要为员工提供更多资源和机会，帮助他们培养数字化技能。在列出关键的数字化技能之前，我们有必要研究"数字化"的含义。数字化和技术密切相关，但也涉及另外一个范畴，即单独使用技术和技术与人力协同工作时分别会带来的社会、情感和人际关系的影响。软件技能对数字化技术有重要意义。不可或缺的数字化工作技术内容如下。

- 编程、网页设计和应用程序开发。
- 数字化商业分析。
- 数字化设计和数据可视化。
- 数字化项目管理。
- 数字化产品管理。
- 数字化营销。
- 社交媒体。
- 数据科学和数据分析。

数字化工作技术是大多数工作场所中不可或缺的一部分，企业对这类技术进行了持续大笔投入，也有很多企业已经认识到仅靠技术引入与实施并不足以取得成功。要想获得预期成果，例如，提高生产力、加速创新、提升员工满意度等，需要员工接纳并使用数字化工作技术。这涉及多个方面，例如，确保战略一致、进行强有力的管理，以及对优秀的用户体验设计和正在进行的变革管理进行投资。

13.4　数字化劳动力管理的领导力行动

领导者和管理者拥有为数字化劳动力赋能、为员工提供激励的能力和知识。他们不需要整天花时间和金钱来监管员工，而是需要思考数字技术和数字化生产力对组织目标的影响。以下是管理数字化劳动力时需要考虑的 7 项领导力行动。

1．保持灵活

传统的管理方式在数字化转型中无法发挥作用。相对于工作职位和停车位，千禧一代和移动办公人员更重视工作灵活度。他们想要参与重要决策，特别是涉及自身利益的决策。高效的领导必须更强调灵活的以目标和结果为导向的项目任务，而不是在意员工午休花了多长时间。他们需要信任自己的员工，知道应当为员工高效完成工作提供哪些条件。

2．关注沟通

统一的沟通和协作工具能让员工在居家办公和远程办公时更方便地参与工作任务。领导需要具有杰出的沟通技能，需要和数字化劳动力分享每一条信息。数字化劳动力希望领导不只提出需求，而且和他们一起完成工作，甚至带领团队成员完成工作。加强沟通能够提升工作质量、减少工作时间。为了企业发展，领导者务必练就优秀的沟通技能。

3．做好改变的准备

数字化不可避免地会带来变化。拥抱数字化转型并非易事，领导必须确保其团队做好改变的心理和思想准备，拥有改变的激情，同时掌握使用数字化技术的专业技能。

4．正视空间与自由

新一代工作者需要自由和空间。领导无须表现得高人一等。员工希望在工作中更自如，也会提出一些特定需求。领导需要聆听每一位员工的意见，给予他们做选择的自由。

5．远见卓识

领导需要明白自己的愿景对企业发展有何益处，且需要明确告知员工自己对企业制订的愿景的理解，使员工能够持续为顾客提供最佳服务。

6．检查工作价值

采用数字技术的企业一般会提供高质量服务以赢得更多顾客。因此，领导需要确保员工高质量完成工作，为企业创造出更多价值。

7．培养积极思维

为了企业的发展，领导需要引领团队协作，让员工参与到决策过程中是最好的协作方式。此外，领导和员工需要在完成各项任务时保持积极状态。虽然有时会出现具有挑战性的任务，但员工要保持积极态度，以保证高效完成任务。

为数字化劳动力赋能是成为领导的必要条件。企业领导应了解市场运行方式，激励员工高质量完成工作。

13.5　小结

在数字化转型时代，每个员工的工作方式各不相同。数字化的灵活性从根本上改变了工作动态，能够适应这种变化的领导将提高员工的生产力及工作满意度。新的工作方式更看重灵活度，而非严格化管理；员工、自由职业者、企业家和顾问等处于不同职位，他们的工作方式会随着工作节奏的变化做出相应调整。在数字化劳动力中，因为自由职业者拥有独特的工作方式，所以兼职员工不会排斥在休假期间接到工作电话。面对这么多职位、角色和结构，企业领导需要知道如何以建设性的方式和各类员工进行互动。

企业无法在保留传统业务模式的同时拥抱具有竞争力的数字化，二者代表了两种互斥的思维模式。随着企业逐渐接受数据带来的灵活性和协作创造的价值，传统的业务模式即将也必将分崩离析。员工不再定时坐在办公桌前，而是居家办公，自主安排工作时间。他们更看重工作成果而非工作时长。技术改变了工作实践和沟通习惯，试图在数字化工作场所沿袭传统管理模式必然会引发摩擦和冲突。精细管理、权力集中和单一任务及责任都是传统领导模式的标志性特点，这些在当下都会招来员工的不满甚至是抵触。数字化劳动力属于利益相关者，员工很乐意抛弃岗位限制，和他人进行灵活协作。拥抱数字化的领导者会一直为业务的持续增长和优化提供指导和支持。

企业需要为提升员工技能进行投资。随着人工智能、自动化和区块链等数字技术快速发展的领域成为主流，每个人都需要时刻做好持续学习的准备。员工需要接受新技术培训，而随着技术创新带来新的业务模式，团队也需要具备快速适应和响应的能力。成功的数字化管理者和领导者能够了解团队需求，帮助团队成员充分发挥潜力。数字化转型要求企业进行全方位转变，而致力于实现从工作流程到管理全方位数字化的企业可以实现持续转变。日益扩大的技能缺口和劳动力老龄化带来越来越多的压力，近期，出现远程工作和灵活用工的趋势。面对这些变化，制造企业和服务企业正在通过人工智能、增强现实和员工联结软件等的工业 4.0 技术为一线员工提供指导、协作、工具和知识，帮助员工提升工作安全性、工作质量和生产力。

数字化、数据生成、自动化、人工智能、私有云和公有云、机器学习及更多的数字技术正在对各种规模、各个行业、各个领域、各个地区的企业造成影响，且影响的速度正在不断加快。具有前瞻意识的企业需要迅速进行数字化转型，以抓住机会超越对手，企业领导人必须为带领企业进入数字化时代做好充分准备。很多企业领导人都意识到自己无法招聘到所需的人才，一方面外部人才市场并没有足够多的可雇用员工，另一方面招聘成本很高。因此，企业必须面向内部挖潜以提升现有员工的技能。这意味着提升员工的能力和雇佣价值，企业通常会利用在岗学习和培训工具来满足人才需求。

第 14 章

数字化转型新趋势展望

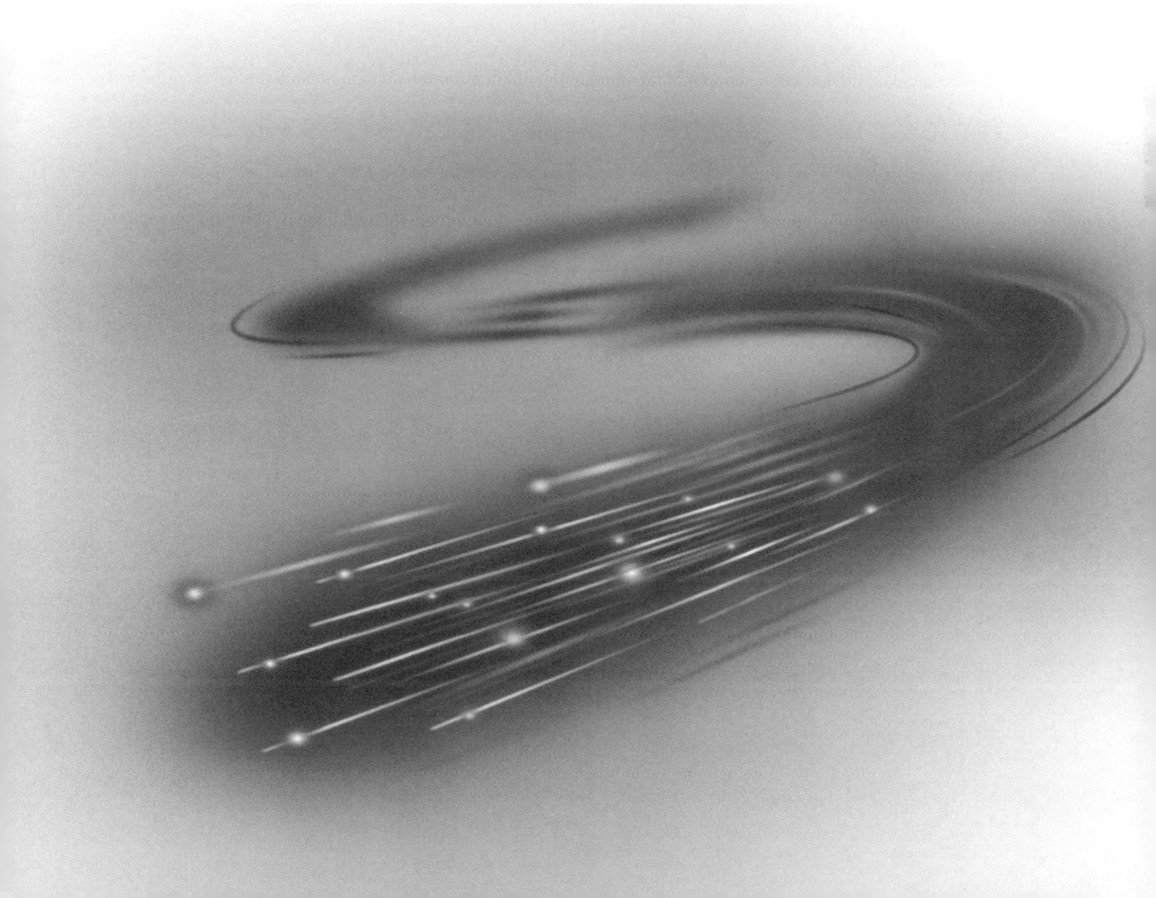

在思考数字化转型新趋势时，企业领导和技术领导不仅要带领企业进行文化转型，还要做好数据管理，同时要拥抱人工智能和数据洞察驱动下的创新，更要充分利用公有云的优势。

传统的流程自动化已不足以应对当前情况，数字化转型取代成本削减成为业务流程自动化最强大的驱动因素。很多企业都有大批流程亟须完成自动化改造：一些过时的业务流程管理软件速度太慢、过于复杂、价格高昂、经常需要数月才能产生效果。数字化转型改变了人们的日常工作内容和工作方式，企业高管和业务部门领导应该和技术部门一样积极参与其中。要想成功转型，企业需要开发技术管理模型，将各项技术放在合适的位置，明确指示哪种技术需要应用在业务的哪个部分并给出具体原因。企业在进行技术决策和进行技术投资时应遵循一定的标准，制定前后一致的架构和培训方法。要想保持竞争力，企业必须加快运营速度，实现自动化运营。

自动化是指所有淘汰或减少手动工作的做法。事实上，多年来企业已经把自动化作为改善经营的一种手段。当前，企业需要思考今后应当如何定位和利用自动化。软件和技术的发展让企业用户能够更便捷地实现自动化，再也不需要具备高级编程知识，经历漫长的实施阶段。智能自动化成为下一代企业自动化解决方案，它融合了自动化的各类能力，拓展了流程优化的范围和深度，同时，能够保持机器工作和自然人工作之间的平衡，最大限度地提高生产力。企业用户需要理解智能自动化的原理并进行自主设计，因此，不仅能通过人机协作来提高生产力，还能以一种透明的方式来实现自动化。

商业环境中唯一不变的就是变化，近些年，这种变化进一步加速出现。企业需要适应新的做法，而大多数新做法都与企业近年来经历的数字化转型相关。从人工智能到区块链、物联网，新的数字技术正在对企业产生越来越大的影响。

数字化转型的成功能改善用户及用户体验，这将推动企业今后进行更多数字化转型项目。随着企业从建设内部能力和提升效率等局部的变革转型到实施更大的愿景，联结能力、计算能力（例如，云、机器学习等）、智能自动化（例如，机器人流程自动化、人工智能等）和直观的用户界面等的改进将会有机结合。除了部分数字化转型的基础核心技术，一批新技术也将在数字化转型过程中得到应用。

大多数企业已经认识到数据和数据实时处理是未来的发展趋势。不论哪个行业，数据分析都将是数字化转型的焦点之一。企业需要使用复杂的数据分析工具来收集、处理大量数据，进而将其转化为企业洞察力，在此基础上发现问题、寻找机会和解决方案。人工智能和机器学习将在数据和信息分析中发挥关键作用，因为这两类算法极为擅长数据分析，并且做出的分析能够利用云计算的弹性属性得到轻松扩展。人工智能和机器学习对于数据分析的价值体现在速度、规模和便捷性 3 个方面。速度和规模是指对大规模数据进行自动化分析。便捷性是指人工智能和机器学习进行的数据分析更直观、可靠且操作简单。

区块链将在支付和"加密货币"之外的其他场景中使用，例如，食品安全、知识产权、专利使用、房地产和资产管理等。企业将继续利用机器人流程自动化来提升现有员工技能，推动运营创新。除了云计算、物联网和人工智能等更成熟的基础性技术，高级数据分析、5G 和智能自动化等一批新技术也将成为数字化转型新兴趋势的主导。人工智能和机器学习将成为数据分析的助推器，进行数据分析需要管理和使用数额庞大的信息和数据，因此，离不开对上述两种技术的投资。

虽然数字化工作场所已成为全球趋势，但很多企业还没有制订数字化战略、开启数字化转型，或即便已经制订了数字化战略但并不清楚如何有效地推进实施。这将成为企业发展面临的一个问题。要想在新兴的数字市场拔得头筹，企业需要把数字化放在信息技术预算的首要位置，并扩展数字化应用范围，进而驱动数字化创新，同时需要掌握人工智能技术，不断增强对数字化的信任，以及扩大第三方开发者生态系统。数字化创新正在推动企业不断向前发展。

数据分析自动化将大幅提升数据分析的速度和规模。人工智能和机器学习让复杂数据分析能够在极短时间内完成，同时带来更准确、更可靠的分析结果。数字化转型要求企业转变其思维模式、组织结构和互动方式。数字化转型的核心在于提升组织对市场和用户的响应速度。数字化转型要想成功，企业需要对能够提升业务价值的技术、人员和流程进行持续投资，包括为支持数字化转型的关键项目提供资金，这些项目诸如云技术、网络安全和用户体验等。企业还需要进行基于云的资产管理，明确云资源的成本。

数字化转型战略处于不断发展中，很难一次性确定完整的路线图和路径，因此，需要在制订的过程中持续关注发展趋势。企业需要快速适应工作场合出现的数字化趋势以满足员工和用户的需求。使用最新、最先进的技术是相对简单的解决方式，但企业领导很快就发现这种做法从长远看并不具备可持续性。数字化转型会利用移动电话、数据分析和智能设备等数字化技术来重塑用户关系和业务流程，这个术语听起来有些模棱两可，却能带来实实在在的影响，能够对传统业务模式和传统公司带来直接威胁。只有敢于冒险进行数字化转型，使用社交媒体、移动设备、数据分析、云服务和物联网等新兴技术的企业才能成功吸引、留住人才和用户。

数字化转型面临的最大挑战在于这一过程不是一蹴而就的，需要持续进行，因此，无法快速完成。要想转型成功，企业需要制订企业文化战略，同时进行业务和技术流程变革，因此，需要采用现代技术驱动变革与转型。企业文化是打造数字化能力的最大驱动力之一，关键的文化特质包括共情、赋能、创新和以用户为中心等。

14.1　影响数字化转型的趋势

企业的首席数字官和技术决策制订者需要进行合理投资，以恰当的方式应用数字技术，帮助企业建立洞察能力和快速反应能力，进而保持企业能够应对市场的竞争力。以下是最近兴起并影响数字化转型的 5 个显著趋势。

1．数字化将改善人类环境，如何管理是关键

数字化将为社会带来重大、积极的改变。当前，物联网正利用数据为智慧城市赋能，进而提升民众安全、改善交通拥堵和推动环保项目落地等。同时，对物联网数据进行预测性分析能够帮助医生监测病人的病情，提高治疗水平。大数据、人工智能和其他技术将进一步融合帮助改善人类的生存环境。随着数字化在人类生活中发挥日益重要的作用，数字伦理管理成为关键。使用数字化工具的企业需要确保在安全、无偏见、符合道德标准的前提下进行数字化。例如，企业需要采取安全措施来避免数据损坏，需要利用全面的数据和多元化团队来避免无意识的偏见，同时需要留意潜在消极后果的出现。简而言之，企业需要具备相应的管理能力或治理能力并采取预防性措施来确保"数字向善"。

2．人工智能的引入将关系到企业生存

人工智能驱动的企业将拥有更高的效率和更大的市场份额。因此，加快引入人工智能的速度不仅关乎商业创新，还关乎企业生存。要想加快引入人工智能的速度，模块化即选择成熟的模组堆叠模式是关键，因此，可以使用预先受过训练的人工智能加速器。

3．人类的参与意义重大

数字化将助力人类工作，而非取代人类。人类必须考虑如何和机器协同工

作，为人工智能提供共情、创意性解决方案以及判断力。未来，人工智能意味着双重智能，而不仅仅是人造智能。

4．体验是转型的本质

未来，数字化转型的意义将不在于成本削减等传统益处，而在于为用户、员工和合作伙伴提供新的用户体验。越来越多的企业意识到以人为本的设计手段的重要性，从而把用户体验作为转型活动的出发点。这需要企业预先设计流程，思考如何优化用户体验，明确数字化将如何帮助企业进入理想状态。

采取这些方式的目标是减少数字化带来的摩擦，为员工和用户、合作伙伴创造新价值。通过这种方式，员工和用户满意度及留存率上升，体验成为企业竞争力的重要来源以及持续增长的驱动力。成本削减等依然会得到保留，但会成为转型中内在的一部分。

5．转型即服务的发展

很多大型企业都认识到流程及体验方面的转型需求，但在如何快速实现大规模转型上面临困难。企业希望运用人工智能和机器学习来分析数据，达到有用的洞察效果，但算法通常需要一定的时间向数据学习，这也意味着需要花费更长的时间才能看到效果。借鉴软件即服务模式，成熟的转型实践可以形成规范并以服务的形式提供，转型即服务（Transformation as a Service，TaaS）可以解决这一问题。

14.2 影响数字化转型的用户服务趋势

在颠覆性变革时代，企业需要不断提升竞争力，才能为用户创造更多价值，因此需要借助不断发展的数字化能力来推动变革以提升用户服务能力。客户服务趋势如图 14.1 所示。

以全渠道客户体验为基础：
71%的美国人使用3个或3个以上渠道来接触客户

利用聊天机器人提供实时价值：
如果客户了解到聊天机器人能加快服务速度，他们与聊天机器人互动的意愿将提高一倍

个性化&人性化客户参与(Customer Engagement)：
Gartner 公司统计，2020年，10家公司中有9家在提供客户服务时使用社交媒体

提升现场客户服务来解决问题：
33%的美国消费者表示，与友好且了解业务的企业代表沟通是客户服务最重要的部分

利用自动化来提供出色的客户体验：
成功的公司把自动化融入营销中的可能性比不成功的公司高出160%

发掘取悦客户和提高忠诚度的创新方法：
87%的受访者表示，网站或App提供的个性化服务能改善客户体验

先利用员工智能，再利用人工智能：
在客户服务组织中，人工智能的使用预计将增长143%

通过分布式客户支持团队消除时区限制：
40%的消费者希望不管企业位于何处，自己的问题可以得到快速解决

让顾客在虚荣心之外的情绪驱使下消费：
83%的消费者更愿意在朋友的推荐下消费

倾听客户反馈并采取行动：
三分之一的客户会对企业调研问卷做出回应

通过统一沟通缩小数字化转型差距：
89%的客户不喜欢进行重复的客服互动

利用机器学习提升客户体验：
79%的消费者使用过自助式客户服务门户

图 14.1　客户服务趋势

用户服务的变化诉求驱动企业的数字化转型，主要体现在以下 4 个方面。

1．全渠道、全方位、全天候的用户体验

企业用户服务需要考虑到用户不同渠道的接受方式；现场、远程及分布式的交付模式；"7×24"小时随时随地的服务响应等。

2．千人千面的个性化用户服务

消费互联网的飞速发展、崇尚自我个性的时代成为销售主体和劳动力主体，以上双重因素的叠加，必然要求企业为用户提供千人千面的个性化选择与体验。

3．智能技术的深度应用提升用户服务体验

自动化、智能化、数据分析、机器学习、社交互动工具等数字技术或科技创新工具，需要持续不断地引入企业中以便更好地为用户提供全面的用户服务体验。

4．关注员工体验与用户体验并举

用户服务的主体不是冷冰冰的网络终端或者机器人，只有提升了员工体验的企业，才能为用户提供满意舒心的用户体验，因此，关注人工智能和用户体验的同时，更要同步关注甚至首要关注员工体验。

14.3 影响数字化转型的技术趋势

数字化转型和数字技术已经进入我们生活的方方面面。进入数字化世界的企业通过数字化转型打造出新的企业形象。今后，数字技术对数字化转型的影响将包括以下 6 个方面。

1．区块链

区块链将不仅应用于"加密货币"交易管理，还将成为核心业务平台的一部分，并帮助一大批业务职能实现透明交易。各行各业，例如，零售、医疗保健、物流等都将通过区块链技术提升业务流程、筹集资金、提升食品安全和跟踪供应链。区块链技术还将应用于房地产管理、财富管理、知识产权和版权使用等领域。未来，区块链必将得到更广泛的应用。

2．人工智能和机器学习

这两种技术正在成为业务平台的一部分，让智能业务操作快速实现。当企业需要处理大批信息和数据时，人工智能和机器学习能够提供错误率低的自动算法。自动算法虽然加快了工作速度，但是提高准确率是它今后的任务。

3．物联网

越来越多的物联网平台涌现，使可操作且安全的物联网传感器能够应用到高价值业务中，物联网技术在中型市场和企业的使用率不断提升。

4．会话式人工智能

身处一个以用户为中心的世界，企业需要采取新的方式和用户保持连接。为促进用户和企业间的互动，企业正在努力打造用户语音界面。在软件层面，会话式人工智能项目搭建起可以进行复杂对话、捕捉细微情绪变化的平台。互动交流与会话式用户界面会成为员工、用户与企业进行互动的普遍方式。

5．云

大多数企业会使用一家或多家供应商提供的云服务，并加速从使用现成的软件即服务转型到提供基于微服务可定制的垂直行业解决方案。

6．迅捷Wi-Fi

5G 和 Wi-Fi 6 将为家庭和企业打造完美的端对端超快连接。相比 Wi-Fi 5，Wi-Fi 6 的实际价值在于速度更快，可同时支持更多并发设备。Wi-Fi 6 的下载速度比 Wi-Fi 5 快 3 倍，预计其平均并发设备数将实现指数级增长。大多数主要电信运营商都在投入时间和资金打造 5G，这将使 5G 在未来成为现实。5G 技术不仅可应用于 5G 手机，还将助推智慧城市、智能汽车和其他需要进行物联网实时数据连接的各类行业的发展。

数字化转型的新兴趋势如图 14.2 所示。人类元素是这些趋势的共同特点。数字化转型此前倾向于关注利用技术提高生产力，转型的新兴趋势将聚焦人的因素。数字化转型更关注技术将如何改变岗位、生活、体验和周边环境。未来将是数字化的世界，但更会是以人为本的世界。

这些技术趋势并非最近才出现，但相较于往年，使用程度和采用程度都出现大幅提升。新技术的采用同时也扩展到所有的业务职能和企业活动中，一方面是由于技术更容易获取，解决方案已经成熟，另一方面则是由于企业面临的转型压力越来越大。

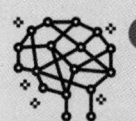

人工智能：
利用人工智能来提供大规模、个性化客户体验是各国品牌的首要任务之一。

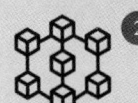

区块链：
企业已经在以太网和超级账本等区块链技术上投入了超过15亿美元，目前还没有停止投资的迹象——到 2022 年，这一数字将增至 117 亿美元。

物联网：
消费者拥有互联设备数量的比例从2017年的35%增加到2018年9月的44%，同时物联网投资开始产出投资回报率——这一趋势在2020年进一步加速。

语音和会话用户界面：
HubSpot表示，约有40%的谷歌搜索查询是通过语音进行的，约40%的消费者计划购买智能音箱。

云：
云计算已经发展了多年，但是随着量子计算、公共云、企业IT利益、Kubernetes和云支出的发展，TechGenix公司断言，云代表了一个快速变化的IT环境。

网络安全：
2020年，网络安全趋势将围绕零信任模式、生物认证、物联网安全和信息合规技术展开。

1. Kubernetes 是谷歌公司开源的一个容器编排引擎，它支持自动化部署、大规模可伸缩、应用容器化管理。在生产环境中部署一个应用程序时，通常要部署该应用的多个实例以便对应用请求进行负载均衡。作为一个开源的，用于管理云平台中多个主机上的容器化应用，Kubernetes 的目标是让部署容器化应用简单并且高效，Kubernetes 提供了应用部署、规划、更新、维护的一种机制。
2. TechGenix 是一家为 IT 专业人士提供免费高质量的技术内容的在线媒体公司，旨在为 IT 专业人士提供建立、配置、维护和增强网络所需的工具。

图 14.2　数字化转型的新兴趋势

14.4　数字化转型的应用趋势

利用数字化转型项目来为企业获取最大价值是每一家企业的目标，因此，企业需要找出能够带来最高投资回报率，以及和公司目标最契合的数字化转型项目，把这些项目列为工作重点。数字化转型的应用趋势包括以下内容。

1．数字化劳动生产力

为应对技能短缺、劳动力成本和生产复杂性上升等行业挑战，企业对数字化劳动生产力解决方案的需求不断增加，例如，利用增强现实技术来进行员工培训、提高生产力和工作安全性、降低劳动力成本等。

2．实时运营智能

实时运营智能（Real-time Operational Intelligence，ROI）将实时可见性、可操作洞察和强大的数据分析引入企业运营，这样可以降低成本，提升员工表现力和工作效率。实时运营智能同时还能帮助企业制订标准化 KPI 指标，以此来评估企业各项操作的一致性和存货周转率提升、废品减少等收益。

3．资产优化

具有预见性的维护洞察和实时资产健康检测可以显著减少生产停机时间，最大限度地提高资产性能、利用率和使用寿命。这能够降低维护、维修设备的成本，缩短平均维修时间，提高首次修复率。

4．柔性生产管理

工厂操作和企业系统必须协同工作，确保将原材料转化为成品。具体做法包括预测产能、正常运行时间和吞吐量实现最大化，根据操作方法和操作

条件的变化来优化生产，确保产品质量和改进 KPI 等。

预计工业企业今后将开展更多的数字化转型活动，以此来提高效率，同时也可为劳动力短缺、技能差距和生产复杂性等行业挑战提供切实可行的解决方案。通过利用实时数据驱动洞察力，工业企业将做出更明智、更有成效的决策，劳动力效率将持续提高。

14.5　小结

数字化转型要想成功，不仅需要颠覆性技术和流程变革，还需要企业充分挖掘员工潜力，调动员工积极性，让员工深度参与其中。因此，处理好"人"的部分十分关键，受到激励、具备协作能力的员工会有更好的表现。激励、沟通、协作配合技术、数据可以推动创新，提高生产力。不过，随着决策支持系统变得越来越复杂，专业人员可能会过度依赖技术，出现能力退化的现象。企业应培训员工快速发现人工智能存在的不当偏见或不安全行为，并采取纠正措施，以此来避免出现意料之外的结果。关键的数字化转型趋势归纳如下。

- 快速采用包括跨职能团队在内的数字运营模式。
- 对大数据管理和数据分析工具进行持续投资。
- 更有效地利用人工智能和机器学习。
- 扩大公有云的选用。
- 设定新的数字化转型成功标准。
- 对数字化项目的长期价值予以更多关注。

在竞争激烈的商业世界中，数字化转型是每个企业的首要战略任务。数字化转型涉及管理企业现有的业务，也涉及打造企业的未来业务。企业纷纷开展数字化转型工作，以表明技术正在高速发展，同时也表明新技术发展的速度快于企业转型的速度，能够尽早适应变革的企业将占据主动地位并形成领先优势。数字化转型速度较慢的公司则会在竞争中落后，当它们发现自己已经落后并开始实施某项新技术时，企业竞争已经转移到下一项新技术。愿意冒险的创新型企业与打安全牌或在采用新技术上行动缓慢的企业之间的距离将显著增大。

多年来，企业已经把数字化转型列入日程表。当前，各行各业的企业领导应着手规划和实施数字化转型。企业高管们普遍意识到，数字技术不再起缓慢提升效率的作用，而是转变为创新和颠覆的催化剂。为了在未来的竞争中占得先机，数字化领导者必须把优化用户体验放在首要位置，通过多个渠道提升业务成效，连接人员、信息和系统。不过，虽然技术是数字化转型的核心，要想成功进行数字化转型，企业领导还需要营造优秀的企业文化，寻找合适的人才。当前，企业领导可以利用有史以来数量最多的数字工具，以更快的速度创造更大的业务价值。在一个"快鱼吃慢鱼"的社会，人工智能技术使公司能够更迅速、更明智地做出决策，而云技术则会使公司大幅降低技术成本，更灵活地快速搭建更好的应用程序。与此同时，数据的规模和复杂性也在不断提升。数据正以多种格式存储在多个数据中心和云系统中，这使企业全面了解用户和业务变得非常困难。许多企业正在制订和优化企业计划，而要想制订成功的数字化转型战略，企业必须制订成功的数据战略。

转型是一种颠覆性过程，需要从组织、流程和基础设施等方面彻底对企业运作方式进行重新思考和规划。转型成功的关键在于人才，因此，需要确保由精通数字技术的关键人员担任转型负责人，在整个企业普及数字文化，定期传达变革进展，使企业各级人员都对数字化变革产生期待。

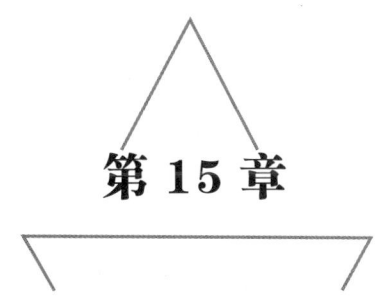

第 15 章

超越数字化转型

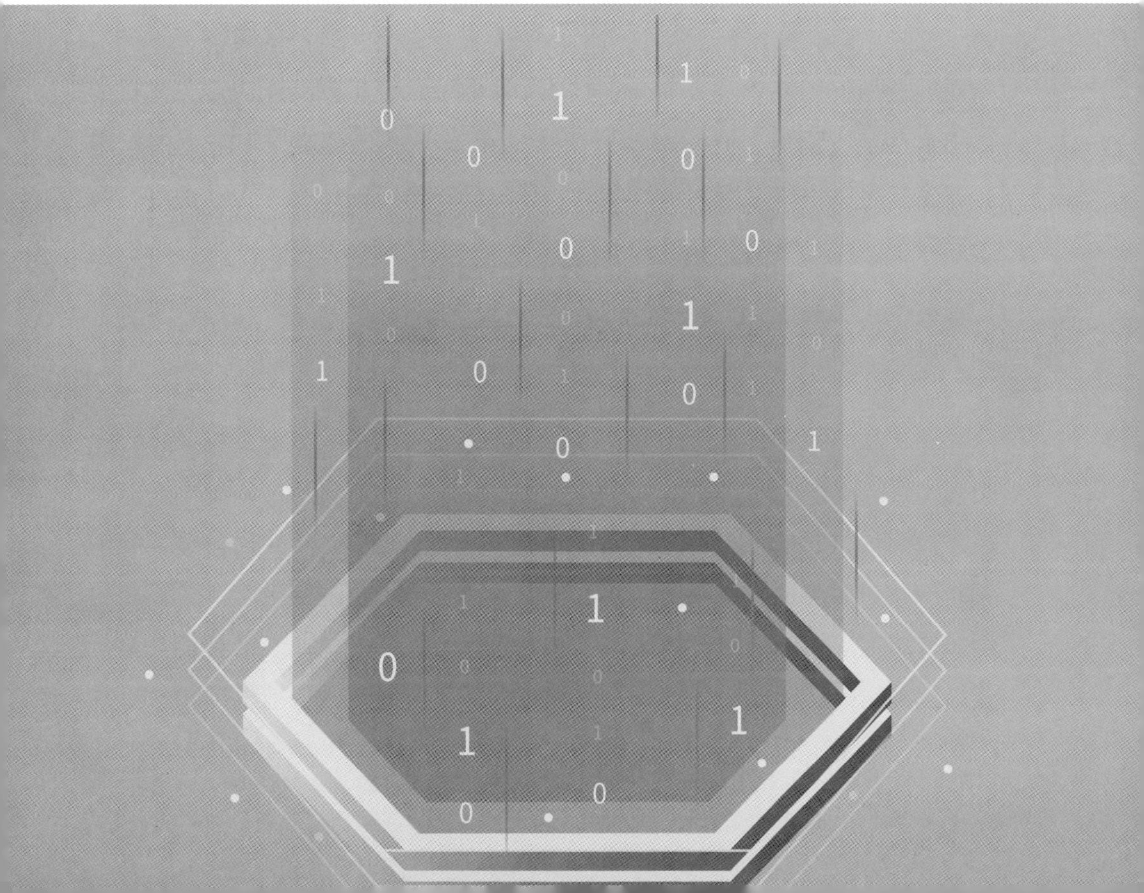

企业要想保持竞争优势，需要把眼光放长远，既要科学推进数字化转型，又要考虑数字化转型阶段完成后的任务与持续推进工作部署。数字化转型让数字技术融入企业的方方面面，改变了企业的运营方式及为用户创造价值的方式。数字化转型完成后，进入下一阶段的企业应思考如何利用已经采用的数字技术进行持续的商业创新，进而为用户提供更具个性化的体验和超值服务。随着数字技术的发展，用户要求获取定制化、灵活多样的用户体验，因此，企业需要根据用户的需求和期望提供产品和服务。这样做不仅有助于企业打造独特的竞争优势，还有助于改变市场的运作方式。

所有企业都必须进行数字化转型，否则，不得不退出市场竞争。全球众多的企业正在通过数字技术对部分业务进行转型。数字化转型从根本上改变了企业运营模式、服务用户和企业文化构建的方式。企业要想保持竞争优势而不被时代抛弃，还需要考虑数字化转型完成后的下一步计划。在过去几年，云应用、数据分析和数字化体验一直是数字化转型的重点，它们为商业模式和市场带来巨大改变。如今，这些技术已得到普遍应用，其重要性不言而喻，同时，我们发现近年来又出现一些蕴藏着无限潜力的新趋势。为向用户和员工提供个性化的、独特的、卓越的体验，企业需要着眼于后数字时代。新的技术趋势正在涌现，能够帮助企业向用户提供个性化体验。人工智能和云计算将继续发挥强大作用，再结合环境计算、区块链和扩展现实等技术，进一步改变用户、员工与企业的关系。

企业要想超越数字化转型，就要重塑企业文化、改造业务流程和优化组织结构来打造卓越的用户体验。一般来说，企业在成立之初规模较小，能够灵活、迅速地根据用户反馈做出响应。尽管如此，随着企业规模不断扩大，一些在初创期发挥作用的做法和业务流程已不再适合更大、更复杂的组织或更大规模的用户，如果不及时调整，则会降低企业灵活性，甚至会逐渐远离用户，因此，会导致企业很难利用不断变化的行业格局和新兴技术来获得经济优势。为了扭转这一趋势，企业常常会进行数字化转型。不同企业的转型方式各不相同，但成功转型的企业都有一个共同目标，即打造卓越的用户体验。超越数字化转型的关键领域如图 15.1 所示。

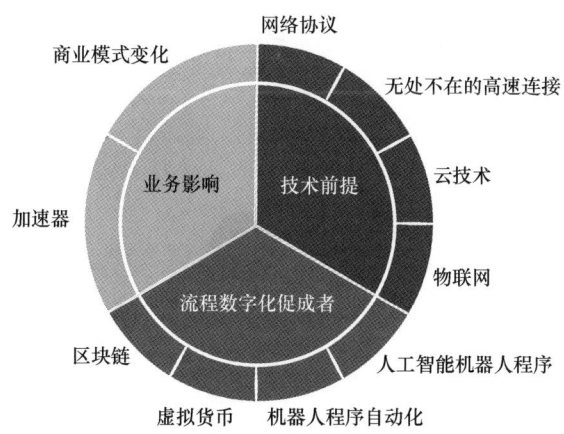

图 15.1　超越数字化转型的关键领域

赢得用户信任不仅对产品和服务很重要，还是企业成功的核心宗旨和原则。在数字化转型过程中，企业领导需要赢得用户信任，让用户愿意提供个人信息以供企业对其消费行为进行跟踪，以便提供更好的服务。企业需要致力于获得用户和员工的信任及确保个人信息安全。用户希望了解企业如何采购产品，工厂的工作环境如何，以及工厂对环境会造成哪些影响。区块链等技术是数字资产的基础，它从根本上改变了人们对信任的看法。企业还需要让用户数据及数据的处理方式保持透明。

之所以一味强调职责分工和循规蹈矩的企业将无法有效满足用户需求，是因为它的一切活动都在为其生存服务，而非为用户服务。过分关注某些职责的细节不利于让企业团队或个人充分响应和满足用户需求。每个职位的价值不仅在于其执行能力，还在于其为团队打造用户体验所做的贡献。企业对数字体验进行投资时一般会建立一个矩阵式汇报结构，这通常会导致团队成员把其所在的核心职能小组的关切点放在产品及用户之前。

"转型"这个概念本身并没有价值，因为它要么有多种含义，要么没有实质内涵。对企业高管来说，当正在进行的一切数字化行动都被统称为"转型"时，会产生更让人担忧的结果：企业很难从大规模的数字化投资中获得可观的投资回报和利润增长。为了让一切数字化行动创造价值，确保所有数字化投资都能获得预期的回报，需要改变传统的业务增长和变革方式。

机器人流程自动化使基于规则的任务实现自动化，在此基础上，智能自动化能够使更复杂的流程实现端到端自动化。传统企业与完成数字化转型企业的对比见表 15.1。

表 15.1　传统企业与完成数字化转型企业的对比

	传统企业	完成数字化转型企业
组织结构	职能孤立，团队经常变动，资源分散，根据项目重要性调配管理资源	跨职能产品团队具有稳定性，团队的变动遵循一定的战略部署。具有产品交付专用资源的团队成员可进行单线工作汇报
业务和技术之间的关系	业务提供需求；技术负责交付。双方都通过各司其职和限制跨职位依赖关系（即协作）来管理风险	在业务驱动下进行产品管理，产品负责人负责技术交付，能够对需求进行优先级分配
职责和负责人	项目管理者负责交付，负责制订预算和项目期限；企业对功能和产品发布进行优先级排序	相关团队负责相应事务，愿景和方向则由企业确定。根据团队获得的数据及对用户进行的调研确定优先级
成功标准	在核心团队未参与的情况下预计形成详细的业务需求文档，预计的交付日期和预算是成功交付的关键衡量标准	在产品发布后对其使用情况和市场匹配度进行跟踪。根据产品开发之初制订的指标及用户反馈来衡量价值

以用户为中心的企业能够更加从容地应对市场变化，保持市场优势。数字化转型后交付给企业的成果及价值体现为一种敏捷性，这种敏捷性就是产品交付市场与用户的速度提升。事实上，转型后的企业会把对人员和产品的重视排在工具和流程之前。

自然语言处理和机器学习等人工智能工具可以让机器人自主决策。企业下一步要做的不是用单点解决方案进行小范围自动化，而是在整个企业推行智能自动化。许多企业试图推动极高的处理率，或者推行以取代人力为核心目标的自动化项目，企业往往会在此过程中迷失了方向。智能自动化不仅能实现自动化操作，还能帮助企业在机器和人之间建立一种健康的平衡关系。要想进行一项可持续的自动化项目，需要充分和深刻认识到哪些事情更适合机器做，哪些事情只适合人来做。智能自动化的内涵在于既能融合技术应用，又能达到人文和科技的平衡，并且通过及时响应和创新汇报实现自动化流程透明化。

在一些正在经历重大变革的行业，只进行数字化转型还无法满足用户需求和商业变化，业务转型才是关键。面对数字化带来的改变，企业的第一反应往往是进行数字化市场营销，即数字营销，随后再转向数字化转型。还有一些企业意识到转型必须超出数字化范围。数字化转型对应业务转型如图 15.2 所示。

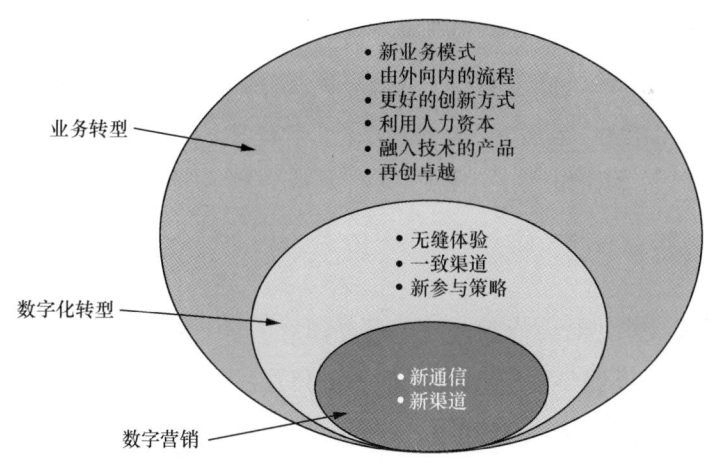

资源来源：Digital Clarity Group

图 15.2　数字化转型对应业务转型

数字化成功转型的企业除了在转型过程中坚定目标、有始有终，还会持续学习和不断改进，向员工不断解释需要进行的文化转型和采取的策略。企业在数字化转型完成之后要想进一步取得突破，员工体验和员工技能提升至关重要，这二者能够让员工始终处于创新的最前沿。转型成功的企业所制订的核心数字化战略会尽力避免阻碍创新，创造机会让创意涌现。从本质上看，数字化经济是一种适者生存的进化经济。企业要想蒸蒸日上，就必须不断适应变化，企业需要不断了解数字化转型，致力于提升用户体验和用户总体满意度。这些变化已经超越了数字化转型本身，成为企业运转、同上下游企业进行沟通与协作，以及设立愿景和战略计划时需要考虑的核心要素。

15.1　让创新成为可能

数字化转型必须支撑企业战略发展。数字化网络在支撑战略发展的同时也可以成为推动创新的强大平台，是最具前景的创新前沿之一。数字化业务网络的一个好处在于能够提供创新所需的伙伴关系和协作关系。一个多方 / 多企业网络和传统的企业资源计划系统、企业间电子商务网络（Business to Business，B2B）截然不同。数字化业务网络能够同时支持多家企业在云服务中的同一个软件上运行。网络涉及的所有实体，例如，企业、站点、设备、集装箱和货物等都可以一次性得到展现。

身处由交易伙伴、智能设备和智能产品组成的互联社区，再借助强大的人工智能技术和机器学习来识别趋势和洞察原因，企业对消费者以何种方式、何种原因、何时、何种渠道对产品和服务进行消费有了更多了解。这可以帮助企业找出用户尚未得到满足的产品和未来生产的需求，便于企业研发产品和提升服务质量。因此，各个交易伙伴可以不再局限于制造、运输和销售产品，而是在更好地了解市场、用户需求和消费模式的基础上，为打造新产品、新服务和新商业模式而进行合作和创新。网络中的大量交易伙伴能够提供丰富的经验和想法，启发企业对营销、包装和产品设计等领域进行创新，从而打造新产品、新服务和新商业模式。多方数字网络打造的生态系统可以实现从供应端到终端用户整个商业链条的实时数据共享。这一系统能够积累数据和洞察原因，为相关的战略决策提供参考，同时，有助于战略执行，帮助企业快速建立可以规划、测试并能推出新创意的线上合作伙伴和社区。

多方网络与 B2B 或集线器式网络的区别之一在于，使用多方网络的企业只需参与一次网络接入就可以和网络上所有的企业建立连接，而不需要额外的集成操作，这是因为该网络上的企业连接都采取了虚拟化管理的方式。多方网络的另一个显著特点在于，所有企业都是完全平等的成员，可以使用相同的解决方案和工具。例如，网络上为某家零售商服务的供应商可以使用与该零售商相同的解决方案管理自己的供应商、库存订单、货物和物流等。多方网络将所有参与者实时连接到同一个权威平台上，从而使参与者获得质量更高的数据，制订更好的决策，取得更好的成绩。业务伙伴们可以在整个交易社群里共享即时数据，从而能够在同一平台上制订和执行计划，做出更优的决策，主动发现潜在问题，并与其他业务伙伴实时合作来解决问题。毋庸置疑，颠覆性技术正在对大型企业产生影响。当前，大多数企业都处在数字化转型过程中，他们前期所做的工作更准确地来说是数字现代化，即企业通过引进新技术来改善现有的业务，包括提升用户体验和简化运营程序等。

对现有业务线进行创新不太可能彻底打破其原有商业模式。企业员工长期在同一行业工作，容易陷入专业深井，难免存在工作盲点。企业如果根据短期经营目标的达成情况对管理者进行奖励和提拔，会导致管理者因循守旧。管理现有业务与建立新业务存在本质区别。这两项职能应当进行区分，其中一种区分方法是建立负责技术挖掘和企业风险投资的创新基地，创新基地负责研制新的产品概念和原型，并传回企业总部。由于创新基地和企业总部在世界观和动机上存在矛盾，创新基地的行为可能面临企业内部潜规则或旧秩序带来的变革阻力。另一种类型的区分则更有望实现，即成立一个重新组建新业务的独立部门，也可以称之为高阶部门。高阶部门能够利用资金、技术、人员和方法论来实施新的风险项目。这些项目可以进行单独拆分，也可以作为下一代增长型业务的一部分。

除部门内部资源，高阶部门还可以利用部门外部的人才、技术和资本。高阶部门把参与开发新风险项目的员工视为联合创始人，而不是员工，从而可以吸引那些打算加入初创企业或自主创业的员工。鉴于大多数企业已经开始进行数字现代化转型，企业进行数字现代化转型能达到的最佳效果就是不落后于同行。因此，企业领导者应该更加注重打造具有颠覆性商业模式的新业务。高阶部门是推动企业革新的引擎，它不是数字现代化活动的替代品，而是对该活动的关键升华，能够帮助企业将战略重点向企业外部、向未来转移。

要想达到预期效果，高阶部门必须采取一种适合新兴技术的新型管理思想。随着技术飞速发展，大规模"去中心化"出现，人类正在向后工业时代的文明和经济转型，主要表现如下。

- 人工智能技术的快速发展和广泛应用。
- 自动化的运输和物流系统。
- 所有常规工作自动化。
- 大多数管理任务自动化。
- 纳米技术、原子精密制造。
- 充足的能源和计算能力。
- 充足的信息存储能力和带宽。
- 基因工程和人工生命。
- 人类寿命的大幅延长。
- 通过科学技术增强身体能力。
- 人类与人工智能结合。
- 将人工智能／虚拟现实与物质世界中的传感器相结合的扩展现实。

- 向 "去中心化" 和人工智能管理的人员网络和企业网络转型。
- 商业化太空探索和移民。

后工业时代的转型会导致所有行业出现大规模重组、缩短企业生命周期和工作年限等潜在变化，渐进式改变已不足以应对这样的变革。企业、投资者和决策者正身处一个传统管理和政策思维跟不上技术变革的世界。

企业不仅要进行数字化转型，还要成为具有自我更新能力的 "微型组织" 的自治网络。企业和外部世界将不再有严格的边界，企业内部将能够迅速建立新的组织。企业将会把价值创造聚焦于重塑行业网络，以更高效地发现和满足用户需求，这就是后工业时代企业的特点。

15.2 超越数字化转型需具备的能力

无论技术如何演进，用户现状如何变化，数字化颠覆性属性多么明显，数字化挑战如何变化，以下能力在企业完成数字化转型后都将继续发挥重要作用。

1．创新能力

密切关注业务生态系统、社会、用户的发展和变化。企业需要关注能够让其以更好、更简单、更新颖的方式建立独特竞争优势的力量和变革方式。

2．融入生态

融入生态即能够在企业范围乃至生态系统范围内进行普遍性、互联性和整体性优化的能力。之所以持续评估、利益相关者参与和优化等手段，企业能持

续不断地改进，能够考虑到一切都相互关联，进而融入生态，是因为无数案例证明，封闭孤立的存在必然会导致企业无法在整体性和互联互通的业务协作方面及时做出调整与优化，从而破坏了企业的持续优化能力。

3. 聚焦业务价值

聚焦业务价值即聚焦创造价值的能力。企业需要持续地去除或尽可能减少由于缺乏自动化和流程优化、员工被忽视而导致的没有价值但必须完成的过时流程和任务；企业必须意识到员工不应把时间浪费在寻找基本的信息和工具上，而应该聚焦在为企业创造价值上。

4. 领导力建设

领导力建设即建设面向企业组织能力建设和业务响应的组织型领导力。企业的发展和生存之道依赖敏捷决策、快速行动和规模增长。虽然企业经常采取更快捷、更具行动导向型的跨部门和横向协调工作方式以响应市场，但必须警惕的是企业仍然存在垂直化组织结构和各自为营的心态。

5. 业务敏捷

业务敏捷即提高业务敏捷性和市场响应能力。企业能够实施短期行动，并根据实时变化修订中长期战略。数字时代的复杂多变与不确定性，要求企业不能只制订简单的或者一成不变的 3 年或 5 年计划，还要制订短期行动策略以快速响应市场。

6. 数据和流程并举

数据和流程并举即更好地整合和联结数据、人员和业务流程的卓越信息管理能力。企业必须清醒地认识到数据管理能力和业务流程优化是激活技术创新、促成一切形式的人企互动、提升响应能力的两个核心要素。

7．应变能力

应变能力即能够对用户 / 利益相关者的期望和行为可能出现的意外变化做出快速反应。当个人之间、企业之间、用户之间、企业内部及生态系统和价值链内部发生价值转移时，就会出现权力和平衡被打破后带来的变化，企业数字化转型之后需要能够预测这些变化。

8．拥抱技术

拥抱技术基于对业务进行重新思考和重组，让企业从新兴技术中获益而不是被新兴技术打乱节奏。企业应审视新兴技术的各个方面、潜在影响及提升各层面业务的方式，使"业务"、IT 和面向用户的职能互相适应、和谐共处。需要注意的是，重要的不是技术本身，而是你能利用技术帮助企业做些什么。

9．数据利用

数据利用即能够更好、更快地正确提取和利用数据。企业既要考虑业务目标，也要考虑数据的伦理和人性层面，避免矫枉失衡和对数据及数据产生的原因做出错误诠释，这样的数据属于无效数据。数据分析、数据整合和数据结果同样重要，企业在进行数据分析时要考虑到人、信任和安全等要素，同时要清楚使用特定数据的目的。重要的不是不断增长的数据量，也不是数据处理速度，而是企业根据这些数据做出的行动和决策，以及收集处理数据时采取的程序。获取卓越数据是一个广泛而全面的过程，远远超出了严格意义上的数据相关行动。

数字经济的核心在于推动企业深入思考或聚焦思考企业发展、组织能力提升和重视核心业务能力。企业除了需要对所有技术，例如，物联网、机器人和人工智能等给予持续关注，也应关注进行数字化转型的核心动因，因为在数字化转型背后和数字化转型完成之后，仍然会存在影响企业发展的

根本性挑战。未来,"数字业务"将仅仅是业务,"数字用户"仅仅是用户,"数字化"成为新常态的一部分。

15.3　数字化转型驱动人的转型与发展

虽然我们坚定地认为并一再强调人工智能技术不会替代人类,但以智能化运营为核心的数字化转型必然会对企业用工带来冲击,无论是用工规模的变化,还是用工结构的变化与重构,均会对企业的员工尤其是职能运营人员的转型和发展带来挑战。传统的以事务操作为主的工作岗位面临着大幅度削减、被替代或者岗位职能被颠覆的挑战,但是新兴的、适应数字时代和智能运营的岗位也会随之出现。正如一百多年前火车的出现替代了马车并且导致马车夫的淘汰一样,不能适应时代变化的岗位消失了,但是诸如火车司机、铁路养护工、铁路建设工人、铁路调度指挥等新的岗位会涌现出来。因此,数字化转型能驱动人的加速转型与高质量发展,人才作为企业经营主体,需要加速转型,并承担企业经营管理中更高价值的工作,这是必然的发展趋势。

因职能管理向智能运营转型而引发的相关人员的转型,一般来说有两个方向。

1. 从职能管理到业务运营转变

在智能化技术不断融入业务流程、衍生工作岗位之际,无论是共享服务组织中的职能管理人员,还是财务、人力资源、IT、行政、采购等职能部门的管理人员,都要从原有被动响应式或者管控式的职能管理角色快速转变为驱动企业价值实现的业务运营角色,即需要聚焦站在企业业务目标的视角思考优化与简化流程、提升运营效率、提升员工服务与员工满意度、提升用户服务与用户满意度等价值创造性的工作,需要更加主动地思考,持续改进思维模式，以实现业务运营的转变。

2．从职能运营到数据分析转变

职能运营的管理属性向共享服务转变是由业务驱动实现的，即规模越做越大的企业或组织因为提升资源利用率和业务运营效率而推动的转型与升级。数字化和智能化的广泛应用，尤其是高级数据分析技术、人工智能技术、认知自动化等创新技术的成熟化，必然驱动职能运营从原有的资源、职能与运营的共享向依托于数据分析的生态共享服务和聚焦商业模式创新与企业价值实现的智能运营转变，随之而来的是相关职能人员必须具备强大的数据搜集、数据整理和数据分析能力，并转型为数据分析专业人士。

15.4 数字化转型的关键提示

我们始终坚定地认为，数字化转型是管理变革项目而非单纯的技术项目，数字化转型并非一次性的动作，而是持续的创新过程，因此，管理变革、全员参与、持续创新、敏捷迭代是其典型特征。

关键提示 1：数字化转型是管理变革

数字化转型是管理项目，是利用平台型技术基础上的管理创新和内外部管理体系与运营体系的升级，是聚焦企业战略和业务发展目标的商业模式重塑，因此，企业需要改变对项目是临时性任务或鼓励型项目的认知。数字化转型不同于传统的信息化建设，需要企业做到以下 4 个方面：一是立足根本目标，紧紧围绕组织能力的重塑与提升推进智能运营、管理变革和数字化建设；二是企业职能管理从强调流程固化到强调业务变革与创新；三是共享服务组织的运营从强调流程转变为强调场景；四是数字化系统建设

从强调系统运维升级到持续的业务运营。

关键提示 2：数字化转型需要具备新的数字化领导力

企业数字化转型需要从企业的顶层设计开始，因此，企业的数字化转型必须要从企业的最高管理者开始。企业的主要管理者必须要清楚未来企业数字化发展的方向，转换数字化管理企业理念，学习并掌握一定的数字化基础知识。

在整个企业数字化变革和转型过程中，必须由最高管理者直接规划、组织、指挥转型。最高管理者要具备数字化领导力，是企业转型的基础。

关键提示 3：数字化转型要拥有数字化人才

企业数字化转型需要应用大量先进的科技创新，并对原有商业模式重新定位，因此，只有拥有数字化思维和企业经营思维的数字化人才，才能驱动企业创新，推动企业数字化转型。

企业数字化转型中首要的是转型，关键是人的思维的转型和团队的能力结构转型。企业数字化转型的过程中必须有相应的数字化人才。

鉴于数字化转型是一项庞大的系统工程，目前，技术领域快速发展、加速迭代，企业要重视与相关技术企业的合作，及时发现新技术、新工具，提升企业的技术能力。

关键提示 4：数字化转型需要技术引领与敏捷迭代

科技创新重构商业模式和组织能力已经成为企业发展的共识，因此，在企业数字化转型尤其是职能运营数字化转型过程中，例如，响应不同场景、不同业态需要的微服务化技术架构等的科技创新需要得到最大化利用，以支撑业务的快速变革与发展。同时，企业需要采用小步快跑的敏捷迭代策略，不断优化升级业务，让参与的每一个用户都能持续感受数字化价值。

15.5　小结

企业逐渐进入数字化转型的成熟阶段，但许多企业不清楚完成转型后会出现何种变化。工作场所的数字化趋势要求企业快速转型以满足员工和用户需求，一个简单的解决方式就是使用最新颖、最先进的技术，但企业领导很快就会发现这种做法从长远来看并不具有可持续性。

许多企业已经在数字化转型项目上取得一定成效，企业领导者需要专注于管理业务，而不是数字化目标。一家企业如何应对重大变化将决定该企业在未来能否取得成功。重大变化体现为并购、成本压力、消费者需求变化或其他挑战，尚未做好准备的企业将面临永久性损失。大多数企业领导者都熟悉数字化颠覆概念，数字化颠覆概念即创新颠覆的一个子概念，或改变行业规则和市场运作方式的一种新工具，在数字化颠覆案例中，这种新工具就是技术本身。紧跟数字化转型潮流的企业能够在未来的竞争中胜出。

对业务进行虚拟化转型能帮助企业跟上潮流，但商业世界的未来不会被小的浪潮改变。我们正处于技术变革的前夕，这种技术变革将颠覆很多行业。数字化的每一次新发展都会给市场带来压力，在这种情况下，适应最快的企业才能取得成功。

Garnter 公司的最新研究表明，许多企业在数字化项目上已经达到一定规模，企业领导者需要专注于管理业务，而不是单纯地实现数字化目标。最终，企业需要持续地重新评估其运作方式并做好从流程到组织、团队再到工作方式进行改变的准备。实现数字化需要企业不断地发展和变化。最重要的经验在于，企业需要不断地改变自身业务模式，否则必将会被时代抛弃。以往的技术项目意味着一次性的技术应用或整合，通常局限于某个特定职能部门、细分市场或渠道。企业正在认识到，实现数字化需要所有职能部门进行端对端转型。真正的数字化转型会影响整个企业。企业必须明白自己想实现什么样的业务目标，以及这个业务目标如何在所有业务中产

生共鸣。

数字化转型不是一蹴而就的临时性任务，而是需要企业聚焦业务发展和战略目标并持续投入的工作，只有拥有了专业的数字化人才和领导力的企业，才能在数字化转型的浪潮中走得更稳、走得更远。

第 16 章

结语

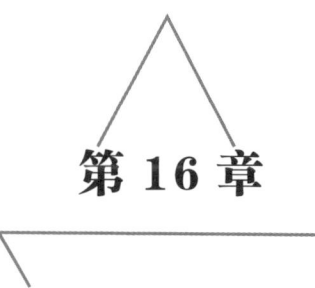

企业正面临着越来越严峻的外部不确定性和内部不稳定性的双重挑战。外部不确定性主要来自企业发展环境的变化，内部不稳定性更多受到企业自身因素的影响。未来，商业模式创新和领导力创新将成为引领企业发展的根本引擎。只有持续进行商业创新的企业，才能够保持组织的韧性，才能够在复杂多变的商业环境中立于不败之地。

数字化转型已经成为企业或组织在数字经济时代面对不断变化和充满不确定性的商业环境的必然选择。数字化转型不再是单纯的技术改造或者是IT技术的引入，而是从组织能力视角思考企业的商业模式创新、用户服务模式升级、员工管理模式变革及内外部生态共荣。数字化转型既要充分应用数字科技，又要立足管理变革，提升组织运作能力。

信息化的历程沉淀了深厚的业务流程优化和效率提升经验，同时也推动了组织或企业由割裂的职能管理向共享服务组织的转型。数字技术，尤其是人工智能等技术的不断创新与发展，在驱动职能运营智能化的同时，更要求企业或组织系统的思考应依托智能化技术和人文体验的数字化转型规划与进程。

人工智能、机器学习、区块链技术、认知计算与认知自动化等技术的创新，已经在企业服务和企业数字化转型中得到应用与验证，企业数字化转型要充分发挥数字技术的创新驱动与引领作用，同时结合数字化变革管理、数字化劳动力管理，体系化地构建企业数字化转型的框架与方法论，持续地推动企业数字化转型。

数字化转型不是单纯的技术项目，而是管理变革项目，因此，需要企业更加深刻地认识和充分考虑数字化变革管理，在数字化转型建设过程中，企业要充分考虑管理挑战、技术挑战、文化挑战、领导力挑战等。我们必须充分地认识到数字化转型并非一次性的动作而是持续的创新过程，因此，管理变革、全员参与、持续创新、敏捷迭代是其典型特征。

企业数字化转型更要充分考虑到人的因素，尤其是进入智能化运营阶段，必须充分考虑原有人才体系和新职场人类的转型与企业发展因素。企业在数字化转型和智能化应用的过程中，需要未雨绸缪地引导人才转型，一方面，数字化转型需要数字人才和数字领导力驱动企业转型变革；另一方面，人工智能等智能技术在提升组织运营效率的同时，必然对原有人才结构、组织结构和人才能力结构带来冲击甚至是颠覆。

企业基业长青的基石是商业创新，数字化转型需要聚焦企业的战略目标和业务目标，需要围绕自身核心竞争力持续锻造组织能力，数字化转型必将成为"伪命题"，数字化必将融入企业经营管理的血液中。

译后记

数字科技的飞速发展与中国经济的勃勃生机，加速了中国企业的转型与创新发展。不少中国企业在数字化转型的探索上已经引领全球企业，全球科技创新同样呈现出日新月异的变化。机器人流程自动化、智能自动化、机器学习、人工智能、区块链、认知计算等在内的数字技术和智能技术正在加速引入应用到企业经营管理，并对原有商业模式和企业运营模式带来变革和重塑的挑战。随之而来的是众多企业选择围绕生产制造、营销服务、供应链管理、财务管理、人力资源管理等细分领域，甚至是宏观的商业模式创新等视角探讨数字化转型。然而，支撑企业生产经营和管理的后台职能管理诸如财务管理、人力资源管理、采购管理、IT 管理等，数字化和智能化转型与应用仍显不足，甚至还停留在节省成本或提升效率的基础层次。支撑企业持续创新发展的恰恰是以职能运营的智能化为基础的组织能力建设，因此，从全球视角关注企业的智能化运营，并将数字化技术快速引入并深度与职能运营管理融合，成为企业面对复杂多变的商业环境、提升组织效率和重构组织能力的必然选择。我们在与众多中国企业的调研、访谈和交流中同样深刻感受到了众多中国企业在此领域的殷切希望和紧迫需求。

诚挚地感谢李威平（Vipin Kumar Suri）博士的信任和指导，Vipin Kumar Suri 是令人尊敬的专家和导师。他一直致力于全球企业的职能运营转型与共享服务组织建设，帮助并推动包括中石化在内的众多中国企业实现财务、人力资源、采购、供应链、IT 等的共享服务转型方案设计与共享服务中心建设。我们近午来频繁地邀请 Vipin Kumar Suri 博士走访中国企业并与大量的中国企业持续深入交流。中国企业在走向全球和数字化转型过程中的快速发展，以及在包括经营管理、用户体验、用户服务、财务会计、人才发展、采购供应链服务在内的众多方面超越并引领全球企业的管理和数字化、智能化应用的实践探索，经常被 Vipin Kumar Suri 博士赞赏并引为案例向全球推介。

不巧的是，突发的新型冠状肺炎疫情阻隔了我们很多进一步沟通和交往，远在地球另一半的 Vipin Kumar Suri 博士选择用文字的方式将自己对行业趋势的洞察、思考与经验融合，并与中国伙伴一道将其浓缩成书。同时一再叮嘱译者务必结合中国的企业实践，进一步深化和阐释，以帮助更多的企业了解新的数字科技创新，并结合自身数字化转型，将其与企业的职能运营管理深度融合，推动企业的数字化转型和职能运营的自动化和智能化，进而提升企业或组织在数字时代的创新能力和应变能力。我们也希望本书的翻译能帮助更多的中国企业进一步认识到智能技术和数字化转型的深度融合，给中国企业在智能运营的数字化转型中带来启示和建议。

特别感谢上海仁云信息科技有限公司在本书的翻译过程中提供的大力支持。作为共享服务国际有限公司和 Vipin Kumar Suri 博士在中国地区的合作伙伴之一，上海仁云信息科技有限公司始终坚守在企业共享服务转型的一线，帮助西门子（中国）、科锐国际、美年健康、天能集团等全球知名企业进行共享服务转型和共享服务中心建设。这些来自一线的实践案例为译者深刻理解职能运营和共享服务转型提供了鲜活的知识输入和实践验证，同时上海仁云信息科技有限公司 CEO 张向党先生也为本书的翻译和主要观点提供了宝贵的建议。

感谢王泽禹女士和金畔竹女士为本书的基础翻译提供的支持，她们放弃了个人休息时间，积极梳理并深入探讨行业和技术术语，为本书的翻译奠定了坚实的基础。

感谢毛鹏飞先生为本书的出版提供的鼎力支持与宝贵意见，毛鹏飞先生在

自身工作繁忙的同时仍然热情地协调各方和反复沟通，正是他的执着精神推动了本书的按时出版。

感谢刘彩琴在封面设计和美工设计方面的帮助与支持，感谢安紫岩对文字审校和编辑的支持与协助。

智能化和数字化的科技发展日新月异，囿于译者的专业知识，以及知识更新迭代的客观挑战，本书的撰写和翻译中必然存在各种疏漏，敬请读者批评指正。

张月强

2022 年 3 月

参考文献

[1]   Chandok, P., Chheda, H., & Edlich, A. How SSO can Prepare for a Digital Future[J]. McKinsey Digital, 2016.

[2]   Erl, T. SOA Governance - Governing Shared Services On-Premises and in the Cloud[M]. Pearson. 2011.

[3]   Suri, V. K.. A Methodology for Integrated Delivery of Business Support Services[M]. The Netherlands, 2016.

[4]   Triaster. Businesss Process Management in Theory[EB/OL]. 2019.

[5]   Solutions Review. Business Process Management is Key for Innovation[EB/OL]. 2019.

[6]   Kissflow. The Extensive Guide to Business Processes[EB/OL]. 2019.

[7]   Triaster. What is Business Process Management and Improvement[EB/OL]. 2019 .

[8]   Kissflow. A Full Overview of Business Process Management[EB/OL]. 2019.

[9]   Triaster. 5 More Reasons Your Business Needs Business Process Management[EB/OL]. 2019.

[10]   Triaster. 5 Reasons your Business needs Business Process Management[EB/OL]. 2019.

[11]   Quirk, E. Understanding the Difference Between Workflow Management and BPM[J/OL]. Solutions Review. 2018 .

[12]   Solutions Review. Achieve Process Improvement Through Automation[EB/OL]. 2019.

[13]   Le Clair, Craig. RPA, DPA, BPM, And DCM Plaftforms: The Differences You Need To Know- Forrester[R/OL]. 2019 .

[14]   Solutions Review. Understanding the Difference Between RPA and BPM[EB/OL]. (2019).

[15]   Solutions Review. RPA and BPM: The Ultimate Power Duo [EB/OL]. 2019.

[16]   Willcocks, Leslie P.; Lacity, Mary C. What is Robotic Process Automation? [M].Steve Brookes Publishing, 2016.

[17]   Kissflow. Business Process Automation - Definition, Examples, Benefits and Key Attributes[EB/OL].2019.

[18]   Kissflow. How An Automated Process Outshines A Manual Process[EB/OL]. 2019.

[19]   Kissflow.Ten Best Practices to Refine Your BPM Efforts[EB/OL]. 2019.

[20]   Kissflow. Digital Process Automation: Everything You Need to Know[EB/OL]. 2019.

[21]   Kissflow. How a BPA Platform Can Dramatically Streamline Your Organization's Workload[EB/OL]. 2019.

[22]   BP Logix. Business Process Management (BPM) Overview: The What, Why & How[EB/OL]. 2018 .

[23]   Kissflow. What is BPMS? How Can It Help Your Organization? [EB/OL].2018.

[24]   Miller, N. Top 10 (+1) Features a Good Business Process Management (BPM) System Must Have! [EB/OL]. 2018.

[25]   Triaster. Business Process Management Software Report: Analysing User Problems[EB/OL]. 2017.

[26]   O'Loughlin, E. Current Trends In Business Management | SMB User Report 2017[J/OL]. Software Advice, 2017 .

[27]   Triaster. The Big 3 Problems & Uses of CPM Software in 2017 According to Users[EB/OL]. 2017.

[28]   Quirk, E. Can Your Small Business Afford a BPM System? [J/OL].Solutions

Review . 2019 .

[29]   Quirk, E. Examining Gartner's 2019 Magic Quadrant for Intelligent Business Process Management Suites[EB/OL]. 2019.

[30]   Dunie, R.; Miers, D.; Magic Quadrant for Intelligent Business Process Management Suites[J/OL]. Gartner. et. al. 2019.

[31]   Cahoon, O. Operations Management. BPM/iBPM Solutions[J]. DPS Magazine, 2019.

[32]   Ward-Dutton, N. Intelligent Automation: A Buyer's Guide. MWD Advisors[EB/OL]. 2018.

[33]   5 BPM trends essential for your Digital Transformation in 2019[R]. Bpm' online. 2019.

[34]   Quirk, E. Business Process Management Software: Cloud vs. On-Premise[J/OL]. Solutions Review. 2019.

[35]   Gartner. Business Process Management (BPM) Key Initiative Overview[EB/OL]. 2019.

[36]   Quirk, E. Moving Your Business Process Management Solution to the Cloud[J/OL]. Solutions Review. 2019 .

[37]   Solutions Review. 2019 Business Process Management Vendor Map[EB/OL]. 2019.

[38]   Quirk, E. Why Low-Code Business Process Management? [J/OL]. Solutions Review. 2018.

[39]   Quirk, E. The Year Ahead for BPM: Top Influencers Predictions[J/OL]. Solutions Review. 2018.

[40]   PNMsoft. Why a BPM Suite can Transform your Shared Services[EB/OL]. 2019 .

[41]   McDonnell, E. The Most Unexpected Success Factor for BPM in Shared Services. Appian[EB/OL]. 2011.

[42] What are the Top 5 Business Process Management (BPM) Trends for 2019[R]. CiS, 2019.

[43] Davis, A. 3 BPM Trends You Need to Know for 2018[R]. Appian, 2018.

[44] Willcocks, Leslie P.; Lacity, Mary C. The IT Function and Robotic Process Automation[D]. 2015.

[45] Gartner. Robotic Process Automation (RPA): From Hype to Reality[EB/OL]. 2016.

[46] Smith, M. A Refresher on Robotic Process Automation. Cognizant[EB/OL]. 2015.

[47] SS & O Advisory Group. The Robots are Coming: The Implications for Finance Shared Services[J]. ACCA, 2015.

[48] Horton, R. The Robots are Coming. Deloitte Insights[EB/OL]. 2015.

[49] Hodge, B. Robotic Process Automation Security. S .S. O. Network[R]. 2016.

[50] Fausti, M. Old Dogs Learn New Tricks. Alsbridge[R]. 2015.

[51] Heatth, N. ZDNet. Managing AI and ML in the Enterprise[EB/OL]. 2018.

[52] S. Artificial Intelligence. Retrieved from SaS. Insights[EB/OL]. 2020.

[53] Fedak, V. Top 10 Most Popular AI Models[J]. DZone. 2018.

[54] What is Intelligent Automation?[J/OL] Automation, A. 2020.

[55] Kofax. Accelerating Business Value with Intelligent Automation[J]. Forbes Insights, 2019.

[56] DMI.. Is the Future of Digital Transformation Cognitive?[EB/OL]. 2019.

[57] Katneni, V., Manda, V. K., & Poosapati, Cognitive Automation in Industry [J]. Design Principles. V. R. 2018.

[58] Mougayar, W. The Business Blockchain. Hoboken, New Jersey[M]. John Wiley & Sons. 2016.

[59] Lewis-Kraus, G. Inside The Crypto World's Biggest Scandal. Business[J/OL]. 2018.

[60]　Hodge, B. Blockchain is a Gamechanger[J/OL]. SSON. 2018.

[61]　Williams, S. 20 Real-World Uses for Blockchain Technology[J]. The Motley Fool. 2018.

[62]　Andersen, N. Blockchain Technology: A Game Changer in Accounting[J/OL]. Deloitte. 2018.

[63]　Perroser, R. Are There Use Cases in Shared Services for Blockchain. IQPC: Blockchain in Shared Services[EB/OL]. 2018.

[64]　Huillet, M. Accenture, Generali Launch Blockchain Solution for Emplyee Benefits[J]. Cointelegraph. 2019.

[65]　Suri, V. K., Elia, M. D., & Hillesgersberg, J. v. Gravitation of Blockchain in Shared Services[C]. 2019.

[66]　Werbach, K. The Blockchain and the New Architecture of Trust. Cambridge[M]. Massachusetts: The MIT Press. 2018.

[67]　Deloitte. Thinking Big with Business Transformation[R]. 2016.

[68]　Painter, D. 6 Change Management Essentials for Digital Transformation Success[J]. Cognifide. 2019.

[69]　Davidson, J. Change Management: The Key to Successful Digital Transformations[J]. CMS Wire. 2018.

[70]　Caglar, D., & Duarte, C. 10 Principles of Workforce Transformation[J]. Strategy+Business. 2019.

[71]　Christidis, A., Miller, A., & Thomas, K. Engaging the Workforce in Digital Transformation[EB/OL]. 2018.

[72]　Srivastava, S. Man Meets Machine: Managing the Digital Workforce. Information Week[EB/OL]. 2020.

[73]　Newman, D. Top 10 Digital Transformation Trends for 2020[J]. Forbes, 2019.

[74]　Srivastava, S. Technology Trends[J]. Forbes. 2020.

[75]　Adomavicius, A., Price, E., & Wilkinson, C. Navigating Beyond Digital

Transformation[EB/OL]. 2019.

[76]   Odegard, F. What Comes After Digital Transformation? [J].Post-Lean Institute. 2019.

[77]   SCOOP, i. Beyond digital transformation: the business competencies to enhance[EB/OL]. 2019 .

[78]   Deloitte. Managing Digital Workforce[EB/OL]. 2017.

[79]   Psaila, S. Blockchain: A Gamechanger for Audit Processes[EB/OL]. Deloitte. 2018.

[80]   Puthiyamadam, T., & Clarke, D. Move Beyond Digital Transformation and Improve ROI[EB/OL]. 2020.